Antike politische Philosophie zur Einführung

Walter Reese-Schäfer

Antike politische Philosophie zur Einführung

JUNIUS

Junius Verlag GmbH
Stresemannstraße 375
22761 Hamburg
info@junius-verlag.de
www.junius-verlag.de

Umschlaggestaltung: Florian Zietz
Titelbild: Bildarchiv Preußischer Kulturbesitz
Printed in the EU 2026
ISBN 978-3-88506-971-3
4., korrigierte Auflage 2026

Bibliografische Information der Deutschen Nationalbibliothek
Die Deutsche Nationalbibliothek verzeichnet diese Publikation in der Deutschen Nationalbibliografie; detaillierte bibliografische Daten sind im Internet über http://dnb.dnb.de abrufbar.

Inhalt

Anhang

Einleitung

»Die Felder und Bäume lehren mich nichts,
wohl aber die Menschen in der Stadt.«
(Sokrates, in: Platon, *Phaidros*, 230c)

In den meisten europäischen Sprachen leitet sich das Wort für Politik von der griechischen *polis* (πόλις = Stadt) her, dem typischen Stadtstaat. In Athen entstand das für diese Gesellschaft charakteristische Freiheitsgefühl aus einem Neuanfang. Die Athener haben durch eigenes Handeln eine Kausalkette in Gang gesetzt, statt sich nur auf die gegebenen Voraussetzungen zu beschränken.[1] Der athenische Aktivismus, später von der römischen Republik wiederaufgenommen, prägt auch die politische Philosophie jener Zeit mit ihren groß gedachten Entwürfen. Das politische Denken der Spätantike war dann das genaue Gegenteil: dort lag Freiheit nicht im Handeln und nicht im Politischen, sondern in der persönlichen Freiheit der Enthaltung von allen öffentlichen Aktionen. Freiheit bedeutete gerade, das Politische zu meiden und sich auf sich selbst zurückzuziehen. Zwischen diesen beiden Polen, dem republikanischen Aktivismus jedes einzelnen Bürgers und der kontemplativen Zurückgezogenheit des Untertanen antidemokratischer Herrschaftsstrukturen, bewegt sich das antike politische Denken.

Das Fehlen eingebauter Sicherungen allerdings war eines der problematischsten Kennzeichen der Athener Demokratie – selbst in ihrer Glanzzeit. In ihr sind die Möglichkeiten nichtliberaler Demokratie bis in die Extreme durchgespielt worden – ein grausames Kinderspiel der Politik, das mit beängstigender Regelmässigkeit immer gerade die Anklage, Verbannung und Hinrichtung der Führungsfiguren zur Folge hatte.

In diesem Durchspielen der Extreme, das als Warnung dienen kann, und in der Frische eines sich neu entwickelnden, extrem urbanen Denkens liegt die Faszination dieser Welt. Sie entwickelte sich im Kreis der griechischen Insel- und Küstenwelt und fand ihren Fokus in Athen, wo jeder, der von weitem oder auch aus nächster Umgebung zum Markt kam, als erstes gefragt wurde, was es denn Neues gebe. Die politische Struktur der athenischen Polis, die die Machtzusammenballung im Zentrum dieser Stadt begünstigte, diese dort aber auf eine ungewöhnlich große Zahl von Bürgern verteilte, die als Diskutierende in die Entscheidungsfindung eingebunden waren und als Ausführende der Selbstverwaltungsinstitutionen diese Entscheidungen umsetzten, schuf eine außerordentliche Kommunikationsdichte und Urbanität, auf der die große Philosophie der Antike aufruht. Was in Athen mit den Sophisten, Sokrates und Platon begonnen hat, strahlte über die gesamte Antike aus und ist immer wieder Anstoß zur Rezeption und zum Weiterdenken unter veränderten äußeren Bedingungen geworden.

Die Mehrzahl der Texte Platons ist politischen Problemen und Fragestellungen gewidmet: Die längsten Dialoge, nämlich der *Gorgias*, die *Politeia* und die *Nomoi*, die wichtigsten Briefe und auch die meisten von den übrigen Dialogen.[2] Mehr als siebzig Prozent der uns überlieferten Textmenge behandeln Fragen des Politischen. In der philosophischen Tradition wird das häufig genau umgekehrt dargestellt und gewichtet. Hegel ebenso wie Karl Jaspers behandeln Platons politische Philosophie nur am Rande und auf wenigen Seiten. Nichts anderes gilt auch für neuere Philosophiegeschichten. Die Begeisterung der Philosophen entzündet sich an Fragen der Ontologie, Kosmologie und Dialektik, die Politik jedoch wird von ihnen systematisch vernachlässigt.

Die philologische und historiographische Literatur zur Antike blieb für die Analyse der politischen Philosophie nicht selten unbefriedigend, weil über der gängigen Detailversessenheit doch häufig die grundlegenden und auch für den Leser interessanten Fragestellungen aus dem Blick geraten. Unter den Althistorikern war es jedoch vor allem Christian Meier, der durch seinen Blick für das Wesentliche und vor allem für das Politische für meine Sicht der Dinge sich als hilfreich erwies. Gerade er jedoch greift lieber auf die antike Historiographie und vor allem auch auf die großen Tragödien und Komödien zurück, in denen das kollektive Selbstbewusstsein der Athener zum Ausdruck kam. Die Texte Platons dagegen und selbst die des Aristoteles stehen bei ihm nicht im Mittelpunkt. Für seine Zwecke zu Recht. Beide waren nämlich vor allem Beobachter, nur teilweise auch Berater und Erzieher. Praktisch Handelnde waren sie nie. Die Begründung der politischen Philosophie durch den einen und die Erfindung der systematischen wie empirischen Politikwissenschaft durch den anderen waren Ereignisse im akademischen Bereich, Großereignisse der Kultur- und Ideengeschichte. Dagegen waren sie Randereignisse in der politischen und Sozialgeschichte jener Jahre, um deren Darstellung es Christian Meier ging. Am Schluss seines großen Buches über Athen immerhin erkennt er an, dass die platonische Philosophie, wenn man alles gegeneinander abwägt, »doch wohl die bedeutendste Hinterlassenschaft dieses Athens darstellt«.[3]

Auf den aktuellen Forschungsstand habe ich an solchen Stellen verwiesen, bei denen ich vermutete, dass einige Leserinnen und Leser gerne tiefer graben möchten. Das gilt vor allem für das

Rätsel der ungeschriebenen Lehre und für den gegen Platon vorgebrachten Totalitarismusvorwurf. Ansonsten habe ich die Aufgabe einer Einführung so verstanden, dass es darum geht, die Lesenden zu den Originaltexten hinzuführen. Zwar ist die Sekundärliteratur uferlos, die hier in Frage kommenden Quellen sind allerdings überschaubar. Auch die heutige Leserin kann sie kennen. Mittlerweile gibt es Ausgaben, vor allem von Platons *Politeia*, in deren Anmerkungsteil die umfangreichen Forschungen, die zu jedem Halbsatz dieses Werkes existieren, auf wenige prägnante Notizen zusammengefasst sind.[4] Mehr noch: Wer Zugang zum Internet hat, kann im *Perseus Project* der Tufts University die kompletten Originaltexte von 800 antiken Autoren mit interaktiven Verbindungen zu mehreren Kommentarstufen und zu englischen Übersetzungen finden. Bei jedem griechischen Wort lässt sich die Häufigkeit seines Vorkommens im Text des Autors sowie im gesamten Textkorpus durch Anklicken ermitteln. Parallelstellen sind auf diese Weise leicht zu ermitteln. Dies geht weit über das hinaus, was mit herkömmlichen Nachschlagewerken bislang möglich war.

Politische Philosophie sollte nie Gegenstand einer rein historistischen, einer rein im Vergangenen verweilenden Betrachtungsweise sein. Für die Detailforschung ist es gelegentlich nützlich, wenn das historische Interesse am so nie wiederkehrenden Einzelfall sich verselbständigt. Für den Überblick und das politische Denken allerdings wird am meisten gewonnen, wenn eine reflexive Distanz zur gegenwärtigen Situation aufgebaut werden kann, aus der heraus möglicherweise hilfreiche Perspektiven auch auf gegenwärtige Problemstrukturen möglich sind. Eine simple Aktualisierung, die nur fragt, was uns denn dieser Autor heute noch zu sagen habe, wird nicht angestrebt. Ebensowenig eine Erfassung der sogenannten Nachwirkungen der Antike in Form eines bloß rezeptionsgeschichtlichen Anhangs, wie das in verschiedenen Klassikerausgaben geschieht. Dadurch kann man sich aus der historisierenden Verkapselung nicht lösen. Es kommt vielmehr darauf an, immer wieder fachlich aktualisierende Fragen ins Spiel zu bringen, die sich aus dem gegenwärtigen Diskussionsstand ergeben. Eine solche Vorgehensweise bleibt subjektiv gebunden, ist jedoch durch ihre Plausibilität auch dort, wo sie zunächst überraschend erscheinen mag, für die Leserin kontrollierbar.

Aktualisierungen der Antike haben in bestimmten historischen Momenten ziemlich irreführende, ja lebensgefährliche Formen angenommen. Robespierre und Saint-Just wird nachgesagt, sie hätten in dem Irrglauben gehandelt, das politische Theater der Antike neu wieder aufzuführen, jene »zauberhafte Demokratie« der »Sansculotten von Athen«.[5] In der politischen Philosophie erleben wir gegenwärtig die Wiederaufführung des klassischen Stückes »Aristoteles gegen Platon«, welche aber den Vorzug hat, dass sie voraussichtlich unblutiger verlaufen wird als die Reprisen Robespierres. Der platonische Konstruktivismus des besten Staates steht gegen den aristotelischen Weg des Ausgangs vom Vorfindlichen, von der Empirie – die allerdings mit hohen theoretischen Erklärungsansprüchen aufgeladen war. In der gegenwärtigen politischen Theoriebildung haben aristotelische Argumente wieder eine neue Bedeutung bekommen. Gegen rein theoretisch konstruierte Gerechtigkeitstheorien verweisen neuerdings die amerikanischen Kommunitarier auf die Kontexte von Gerechtigkeit, deren Grundlegung und Stabilisierungsbedarf durch praktische gelebte Traditionen.

Die Beschäftigung mit der Antike hat unter dem Rückzug des Griechisch- und Lateinunterrichts aus den Gymnasien erstaunlicherweise wenig gelitten. Die wichtigsten Texte sind in hervorragenden, meist zweisprachigen Ausgaben verfügbar, von denen die früheren Schüler nur träumen konnten. Offenbar ist der Markt hierfür eher gewachsen als geschrumpft, weil die großen Taschenbuchverlage Wert darauf zu legen scheinen, derartige Texte ständig im Angebot zu haben. Die freiwillige statt der schulischen Beschäftigung mit der Antike scheint ihrer Rezeption eher förderlich zu sein. Das gilt auch für universitäre Vorlesungen und Seminare, die regelmäßig auf breites Interesse stoßen. Das intellektuelle Bedürfnis, sich mit klassisch gewordenen Texten auseinanderzusetzen, liegt darin begründet, dass man auf einen weiteren Zeitraum als die unmittelbare Gegenwart zurückblicken möchte, dass die Entfaltung politischer Urteilskraft und politischen Urteilsvermögens eines Außenhalts und einer Außenperspektive bedürfen, durch die der distanzierende Blick auf die scheinbaren Selbstverständlichkeiten der Gegenwart möglich wird. Jedes exotische Außen kann beliebig gewählt sein und wäre dann nur eine nicht besonders zu legitimierende Perspektive unter anderen. Der Rückgriff auf antike Modelle allerdings rückt unsere modernen konkurrenzdemokratischen und rationalistischen Denkweisen in die Perspektive der Zeitreihe ihrer eigenen Entstehungsgeschichte und lässt sie als westliches Denken in seiner charakteristischen Ausprägung erkennen.

Diese Einführung ist, wie alle meine Einführungsbände, direkt aus den Quellen gearbeitet. Irgendeine Originalität über das hinaus, was sich aus den Quellen ergibt, wird nicht angestrebt. Es wäre jedoch hermeneutisch naiv anzunehmen, in eine derartige Deutung wäre nicht auch das eigene wissenschaftliche Konzept nachhaltig eingeflossen. Angeregt zu diesem Versuch hat mich Rüdiger Bubners Studie *»Antike Themen und ihre moderne Verwandlung«.*[6] Nicht ein Bild vergangener politischer Philosophie, wie sie für sich gewesen sein mag, soll hier erscheinen, sondern ein Bild aus dem Geiste gegenwärtigen Demokratiedenkens. Daraus resultiert auch der Schwerpunkt der Stoffauswahl. Die vibrierende Aktualität des griechischen politischen Denkens bis hin zur stoischen Ausweitung in die Weltbürgerlichkeit ist in allen herangezogenen Texten aufs deutlichste spürbar.

1. Vom Mythos zum Logos: Intellektuelle Voraussetzungen

Sokrates: »Glaubst du, dass Gott ein Gaukler ist?«
Adeimantos: »Das kann ich so im Augenblick nicht sagen.«
(Platon, *Politeia*, 380d)

Mythische Welterklärungen lassen sich in allen Kulturen finden. Tiefgründige Weisheitslehren, die oftmals mit philosophischem Denken verwechselt werden, können ebenfalls auch anderswo gefunden werden. Die Griechen aber haben die Philosophie erfunden. Sie waren es, die den entscheidenden Schritt über die Lehren der berühmten Sieben Weisen hinaus getan haben. Zu diesen werden Thales von Milet, Bias von Priene, Solon und Pittakos von Mytilene gerechnet, die als die Urheber so nützlicher Lebensweisheiten gelten wie »Nichts zu sehr« (Solon), »Halte Maß« (Thales) oder »Die meisten Menschen sind schlecht« (Bias). Derartiges findet sich in vielen Hochkulturen - man denke nur an den Konfuzianismus.

Die sophistische Aufklärung ist darüber hinausgegangen, indem sie die Diskussion über Fragen der Gerechtigkeit als zugespitzten Streit führte und durch bohrendes Nachfragen die traditionale Religiosität allmählich zu zersetzen begann. An diese nämlich stellte sie Fragen, die an deren Substanz gingen. Von den Sophisten selbst ist wenig überliefert, aber am Anfang der platonischen Schriften steht ein Dialog des Sokrates, in dem er in seinen Fragestellungen und seinem Ton den Sophisten recht nahekommt. Es handelt sich um seine Diskussion mit dem Theologen und Religionswissenschaftler *Euthyphron*, der als der beste und phantasievollste Kenner der Mythen und Göttererzählungen galt, also einem Mircea Eliade der damaligen Zeit. Das Gespräch fand kurz vor dem Prozess gegen Sokrates statt, als die Anklage wegen Gotteslästerung schon vorlag. Sokrates erkundigte sich beim Experten, was eigentlich das Gottesfürchtige und das Gotteslästerliche, das Fromme und das Unfromme sei. Was ist z.B., wenn die Götter uneinig sind und sich streiten? Dann würden doch Widersprüche auftreten, und eine und dieselbe Handlung gleichzeitig als gottgefällig und als Unrecht erscheinen. Gibt es nicht irgendein Prinzip, nach dem sich auch die Götter richten müssen, das also höher steht als diese?

Und weiter: Warum betet man eigentlich zu den Göttern und opfert ihnen? Welchen Nutzen habe diese eigentlich von den Opfergaben? Ist es denn vernünftig, jemandem Geschenke zu machen, die dieser überhaupt nicht nötig hat? Sind sie denn durch Geschenke bestechlich? Etwa korrupt? Durch Bitten zu beeinflussen? Was nützt die Frömmigkeit den Göttern überhaupt? Werden sie besser dadurch? Der Theologe kann auf diese messerscharfen Fragen nur mit langwierigen narrativen Erörterungen antworten, die Sokrates als Ausweichen und Herumreden erscheinen und seine Nachfragen immer ungeduldiger machen, bis Euthyphron sich mit den Worten verabschiedet: »Ein andermal gern, Sokrates; denn jetzt habe ich es eilig, irgendwohin zu kommen, und es ist hohe Zeit, dass ich mich entferne«. Eine Ausrede, die Sokrates nicht akzeptiert, weil er um die große Hoffnung gebracht wird, zu erfahren, was fromm und nicht fromm ist, um sich auf diese Weise besser gegen die Anklage des Meletos verteidigen zu können: »Ich hätte ihm nämlich dann kundgetan, dass ich mit Hilfe eines Euthyphron in den göttlichen Dingen ein Weiser geworden sei, dass ich nicht mehr aus Unverstand leichtfertig darüber urteilte, und in diesem Bereich auch keine Neuerungen erstrebte, ganz besonders aber, dass ich mein weiteres Leben besser führen werde.« (Platon, Euthyphron, 15e) Die bittere Ironie dieses Schlusses ist vernichtend für die Theologie.

Anders als Sokrates, der es ablehnte, für sein Fragen und Lehren Geld zu nehmen, lebten die Sophisten von ihrer professionellen Lehrtätigkeit. Sie hatten ihre große Zeit zwischen 450 und 380 v. Chr. Man konnte bei ihnen rhetorische Fähigkeiten erlernen und vor allem das dazu erforderliche Sachwissen sowie die Kunst, in der Argumentation den Gegenspieler oder die Gegenpartei zu besiegen.

Trotz aller sokratisch-platonischen Kritik an der Käuflichkeit des Wissens wird man festhalten müssen, dass die privatwirtschaftliche Organisation und Finanzierung der Wissenschaft statt ihrer Monopolisierung bei einer Bürokratie oder Priesterkaste ungeheure Freiräume eröffnete. Angeboten wurde genau das Wissen, was den zahlungskräftigen Gesellschaftsschichten notwendig schien, nämlich politisches und juristisches Wissen sowie Kenntnisse über Naturvorgänge, Mathematik etc. Die prominentesten unter den Sophisten konnten dabei reich werden. Sokrates berichtet: »Ich weiß nämlich, dass ein einziger Mann, Protagoras, mit seiner Klugheit mehr Geld verdient hat als Phidias, der Schöpfer von so schönen Werken, und zehn andere Bildhauer zusammen.« (Platon, *Menon*, 91c) Nach Christian Meier war es die breite Machtlagerung im alten Athen, die die Monopolisierung des Wissens und damit seine Verengung verhinderte.[7] Hinzu kam die Offenheit der griechischen Welt. Selbstständige Poleis und griechische Kolonien waren im gesamten Mittelmeerraum und sogar noch am schwarzen Meer verteilt. Überall hatten sich eigene Zentren des Wissens bilden können. Politische und religiöse Unterdrückung wie z.B. die Athener Asebie-Prozesse (ἀσέβεια, Religionsvergehen) wegen Nichtanerkennung der Götter hatten keine dauerhafte und durchschlagende Wirkung, weil die Betroffenen die Chance hatten, in andere griechische Städte zu flüchten oder auszuweichen.

Das Denken konnte in einer Weise unabhängig sein, wie das im Mittelalter nirgendwo möglich war. Parallel und in Wechselwirkung mit diesem Denken bildete sich das Bedürfnis nach politischer Orientierung heraus. Die breite Machtlagerung verursachte sehr schnell Unzufriedenheit mit den verschiedenen Formen von Tyrannis, die sich in den Städten gebildet hatten. Man bedurfte politischer Überlegungen und Orientierungen. Zum Teil wurden diese in Form von Weisheitslehren wie denen der Sieben Weisen, zum Teil in Form von delphischen Orakelsprüchen gegeben. Nach und nach aber setzten sich andere Formen des Wissens durch, die statt auf Autorität und Charisma auf Argumentation und wissenschaftlichen Überlegungen beruhten. Auch über die Sophisten musste schließlich noch hinausgegangen werden, weil ihre Beweistechniken scheinbar alles und noch dessen Gegenteil beweisen konnten. Deshalb war mit den philosophischen Schulgründungen von Platon und Aristoteles die Suche nach sicherer Erkenntnis statt Meinung, widerspruchsfreiem Denken und logischer Rationalität der naheliegende nächste Schritt. All dies spielte sich in Athen ab und steht am Anfang der westlichen Philosophietradition. Für diese Tradition ist es charakteristisch, vor einem großen Denker nicht auf die Knie zu fallen, sondern mit ihm zu diskutieren und ihm erst einmal ein paar kritische Fragen zu stellen, bevor man eventuell bereit ist, einen Gedanken zu akzeptieren. Das unterscheidet sie grundsätzlich von den außereuropäischen Denktraditionen, in denen sogenannte große Denker normalerweise eher die Rolle von Weisen spielen. Man sollte übrigens diesen Vorzug westlicher Philosophie nicht in ethnozentrischer Weise überschätzen, denn auch im Westen gibt es bei minderen Geistern keinen Mangel an kniefälliger Verehrung, die geradezu erschütternd wirkt, wenn man beobachten muss, dass manche es sogar fertiggebracht haben, über dem Werk eines so klaren und kritischen Theoretikers wie Immanuel Kant ein Dogmengebäude zu errichten. Ähnliches gilt vom Wittgenstein-Kultus.

Die intellektuelle Auflösung der herkömmlichen Religiosität war der wesentliche Schritt zum politischen Denken. Die griechischen Stadtstaaten waren Glaubens- und Kultgemeinschaften. Wenn es über den Glauben zu Diskussionen und Zweifeln kam, mussten neue Lösungen gesucht werden. Dies versuchte Protagoras mit seiner rechtspositivistischen Lehre, das Gerechte sei das, was jeweils in einer Polis Recht sei. Dann ergab sich aber das Problem, dass das Recht des einen Ortes am anderen Unrecht sein konnte. Darauf antwortete Platon mit seiner Grundüberlegung, doch wieder eine Idee des Guten als Maßstab zu nehmen, um das Unbefriedigende und die Widersprüchlichkeit dieser Vielfalt zu überwinden. Die Gemeinsamkeit des sophistischen und des platonischen Ansatzes bestand darin, eine intellektuelle und rationalistische statt einer glaubensmäßigen Lösung zu suchen.

Das bildhafte Denken des Mythos und das begriffliche Denken des Logos wurden schon in der Antike in einem fundamentalen Gegensatz gesehen.[8] Man sollte das mythische Denken nicht unterschätzen, denn es bemühte sich um kausale und nachvollziehbare Erklärungen rätselhafter Naturphänomene. Auch der Mythos nimmt nicht einfach nur hin, sondern will erklären. Speziell der griechische Mythos mit seinen antagonistischen Zügen, mit seinen Kämpfen der Götter untereinander (und nicht bloß nur des Guten gegen das Böse) war schon von seiner Grundstruktur her geeignet, den Boden für einen offenen politischen Ideenkampf mit rhetorischen und theoretischen Mitteln zu öffnen. Die vielen bei Homer gehaltenen Reden mit ihren mythischen Bildern brauchten lediglich durch argumentative Redeformen ersetzt zu werden. Die Antagonistik und die Pluralität waren schon von Anfang an da.

Die mythischen Erklärungen stellten natürlich eine noch ungepflegte Kausalität dar. Die Rationalität konfrontierte diese Erzählungen, die so oder anders ausfallen konnten, mit der Wahrheitsfrage. An die Stelle der übernatürlichen Kräfte setzten die ionischen Naturphilosophen die Materialität der Elemente: Wasser und Luft. Empedokles ergänzte später: Feuer und Erde. Dieser Prozess der Entzauberung und Entheiligung ist für die intellektuelle Entwicklung in der gesamten griechischen Land- und Inselwelt charakteristisch geworden. Zunächst war es immer die Oberschicht, die solchen Ideen nachhing. Perikles und seine Freunde Anaxagoras, Protagoras, Herodot und der Bildhauer Phidias haben einen derartigen Kreis gebildet. Das einfache Volk und damit auch die Demokraten, die ja nicht aus theoretischen Überlegungen, sondern aus praktischer Erfahrung zu dieser Staatsform gekommen waren, hat dieses aufgeklärte Denken wenn überhaupt, dann erst sehr viel später übernommen. Erst Cicero berichtet davon, dass die großen Orakelstätten wie das Heiligtum in Delphi zu seiner Zeit, also im ersten vorchristlichen Jahrhundert, verödeten und kaum noch befragt wurden, weil der Glaube an das Orakel verlorengegangen war. Plutarch (46-119 n. Chr.) betrachtete den Mythos als Pseudo-Logos, als täuschende oder scheinbare Wahrheit. Von der Wahrheit ist er weit entfernt, weil der Logos ein Gleichnis oder Bild der Wahrheit ist, der Mythos aber lediglich ein Bild des Logos. Der Begriff Logos (λόγος) umfasst im Griechischen eine enorme Bedeutungsvielfalt. Die alte etymologische Deutung, es handele sich um ein Sammeln und Ordnen im geistigen Bereich ist wohl nicht ganz falsch. Logos bedeutet darüber hinaus Wort, Vernunft, Gedanke, Begriff, Rede und sogar Geschichte. Jedenfalls gehört er in die begriffliche Welt der Philosophen, während der Mythos bei den Dichtern anzusiedeln ist.

Die ausführliche und kritische Auseinandersetzung von Sokrates in Platons *Staat (Politeia)* mit den Dichtungen Homers fällt bei all seiner Hochachtung vor deren sprachlicher und bildlicher Schönheit außerordentlich kritisch aus. Dahinter stand die Frontstellung eines Denkens mit wissenschaftlichem und erzieherischem Anspruch gegen die übermächtige Zauberwelt des bildhaften Glaubens und Aberglaubens. Wenigstens die Kinder und Jugendlichen sollten im wissenschaftlichen, nicht im mythischen Geist erzogen werden. Sokrates tritt hier als Erbe der mythenkritischen Aufklärung an.

Wenn der Logos über den Mythos schließlich gesiegt hat, ist es aber durchaus möglich, dass die siegreiche Vernunft dann selbst mythische Elemente in ihren Dienst nimmt. Nicht so sehr die Abschaffung des Mythos als vielmehr dessen Indienstnahme war das Resultat. Das ist nicht erst mit den berühmten Mythen und Gleichnissen geschehen, die wir aus Platons Werken kennen und die er teils berichtet, teils originär erfunden hat. Schon Prodikos, der Lehrer von Sokrates, benutzte die Form des Mythos, um eine erbauliche Herakles-Geschichte über die Entscheidung zwischen Tugend und Laster zu erzählen. (Xenophon, Memorabilien, 1, 24 ff.) Das wissenschaftliche Weltbild benutzte den Mythos nunmehr, um seine abstrakten Hypothesen und Formeln anschaulich machen zu können. Eine derartige Indienstnahme des Mythos wird bis heute praktiziert, wenn zum Beispiel die Astrophysiker vom Urknall erzählen oder die Vertragstheoretiker das Bild eines Urzustandes der allgemeinen Gleichheit zeichnen, in dem jeder hinter dem Schleier der Unwissenheit unbefangen zu gerechten Ansprüchen und Urteilen kommt.

Entscheidend war, dass der von der neuen Rationalität benutzte Mythos nun nicht mehr die Sitte und das Herkommen affirmierte, sondern ein distanziertes und kritisches Verhältnis zu den überkommenen Weltbildern und natürlich zu Staat, Religion und Familie ermöglichte. Deshalb beginnt die politische Philosophie bei Protagoras mit einem rationalistisch aufgefassten Prometheus-Mythos, dessen Grundmotive, insbesondere die Vorstellung vom Menschen als Mängelwesen, der dies durch Organisation kompensieren muss, bis in die politische Anthropologie der 1950er und 1960er Jahre wirksam sind. Da es sich um den Gründungsmythos der politischen Wissenschaft handelt, soll er an dieser Stelle in freier Nacherzählung wiedergegeben werden.

Der Erzählung des Protagoras zufolge sind die Menschen bei der Schöpfung und der Zuteilung der nötigen Fähigkeiten an alle Lebewesen durch den Fehler eines untergeordneten Mitarbeiters, nämlich des Epimetheus, zu kurz gekommen. Sie blieben nackt und unbewaffnet. Prometheus stiehlt für sie das Handwerk und das Feuer, es gelingt ihm aber nicht, auch das politische Wissen (oder sollen wir sagen, die Politikwissenschaft?), die *sophia politike* (τὴ σοφία πολιτικὴ) zu stehlen, weil diese besonders gut bewacht in der Hochburg des Zeus verwahrt wurde. Deshalb kam es unter den Menschen zu ständigem Streit. Sie konnten keine Städte bilden und waren schutzlos der Natur ausgesetzt, weil ihnen die *politike techne* (τὴ πολιτικὴ τέχνη), die Fähigkeit zur Politik fehlte.

Zeus fürchtete nun, sie würden nicht überleben, und sandte ihnen den Götterboten Hermes mit der Aufgabe, durch Moral und Recht Ordnung zu stiften. Hermes erkundigte sich, ob er diese Fähigkeiten nach Art der medizinischen oder handwerklichen Befähigung nur bestimmten Leuten oder aber allen zuweisen sollte. Zeus antwortete: »Allen, und alle sollen teilhaben. Denn Städte könnten nicht entstehen, wenn nur wenige an ihnen teilhätten wie an anderen Techniken.« (Platon, Protagoras, 322d)

Mit dieser mythischen Erzählung liefert Protagoras die Begründung der Demokratie. Da jeder politisch befähigt ist, muss auch jeder mitreden können, oder es gibt keine Städte. Die politische Tüchtigkeit kann, weil die Begabung dazu vorhanden ist, auch jedermann gelehrt werden – damit liefert er den Grund für seine Lehrtätigkeit.

2. Die Perikleische Demokratie: Politische Voraussetzungen

»Eine Demokratie also entsteht dann, denke ich,
wenn die Armen zum Siege gelangt sind
und von den Gegnern einen Teil hinrichten,
die anderen verbannen, den übrigen aber
im gleichen Maße Anteil geben an der Verfassung
und den Staatsämtern und die Staatsmänner
zum überwiegenden Teil durchs Los bestimmen lassen.«
(Sokrates, in: Platon, *Politeia*, 557a)

Etwa um 508 haben sich die Athener mit der großen Reform des Kleisthenes eine der ersten demokratischen Verfassungen der Welt gegeben.[9] Diese hat mit zwei kurzen oligarchischen Unterbrechungen fast zweihundert Jahre gehalten. Wir kennen bis heute nur eine Demokratie, die eine noch längere Dauer aufweist, nämlich die amerikanische. Die athenische Demokratie umfasste jedoch nicht alle in Athen lebenden Menschen. Frauen, Kinder und Jugendliche (die Grenze war damals das zwanzigste Lebensjahr), am Ort lebende Fremde und Sklaven waren vom politischen Leben ausgeschlossen, während in modernen westlichen Ländern nur noch Kinder und Jugendliche, Geisteskranke, bestimmte zum Entzug der bürgerlichen Rechte verurteilte Strafgefangene und die Mehrzahl der Ausländer kein Wahlrecht haben. In einer anderen Hinsicht aber war die athenische eine radikalere und weitergehende Demokratie als jede heutige, weil die Kompetenzen der Volksversammlung die eines modernen Parlamentes weit überstiegen. In diesem Kapitel soll ihre Funktionsweise dargelegt werden, weil dies die praktische Grundlage der damaligen politischen Philosophie war. Wer hierüber hinreichend informiert ist, kann diesen Teil überschlagen und gleich zum 3. Kapitel, zur politischen Wissenschaft des Thukydides übergehen.

Bis zum Jahre 461/62 v. Chr. trug die athenische Verfassung noch starke aristokratische Züge. Der Ältestenrat, der Areopag, hatte noch eine wichtige Funktion. Im Rat der Fünfhundert, der die Gesetzesvorlagen für die Volksversammlung vorbereitete, konnten bis zu diesem Zeitpunkt Angehörige der untersten Klasse keine Mitglieder sein. Aristoteles meint, der Begriff Demokratie sei dennoch damals schon verwendet worden, weil die Zahl der Bürger, die wehrpflichtig waren und deshalb die Teilnahme an der Regierung beanspruchten, so stark gewachsen sei (Aristoteles, Politik, 1297b).

Aber erst 462 wurde die unbeschränkte Demokratie eingeführt. Jetzt übten die Athener Bürger auch institutionell gesehen die Demokratie wirklich aus, die sich vorher mehr der Idee und dem Anspruch nach entwickelt hatte. Die Volksversammlung (ἐκκλησία, *ekklesia*) traf alle wichtigen Entscheidungen mit einfacher Mehrheit. Sie trat mindestens vierzigmal im Jahr zusammen. Jeder männliche Bürger über 20 hatte das Teilnahmerecht. Das waren in Athen und Attika etwa vierzigtausend Personen. Normalerweise dürften fünf- bis sechstausend anwesend gewesen sein. Bei wichtigen Entscheidung gab es die Regelung, dass die Beschlussfähigkeit 6000 Anwesende erforderte. Der Versammlungsort war der steil abfallende Hügel Pnyx. Für die Redner erforderte es einiges Stimmvermögen, dort aufzutreten.

Mitunter trödelten und schwatzten die Bürger auf dem nebenan liegenden Marktplatz, der *agora.* Es war üblich, dass die

Ausgänge des Marktes bis auf den einen, der zum Pnyx führte, abgesperrt wurden und dann ein mit frischer roter Farbe getränktes Seil über den Platz getragen wurde. Wer von dieser Farbe etwas abbekam, zahlte Bußgeld.

Die Tagesordnung der Volksversammlungen unterlag einem bestimmten System. Das Jahr war in zehn Versammlungsperioden aufgeteilt, in denen jeweils vier Versammlungen stattfanden. Die erste galt als Hauptversammlung, in der die Amtsträger durch Abstimmung in ihrem Amt bestätigt wurden, sofern man ihre Amtsführung billigte. Die Getreideversorgung und die Sicherheit das Landes kamen als Themen hinzu. Außerdem konnte an diesem Tag jeder eine politische Anklage erheben. Auf der zweiten Versammlung konnte jeder ein Bittgesuch für ein beliebiges Anliegen stellen, sei dieses privat oder öffentlich. Die restlichen beiden Versammlungen befassten sich »mit den übrigen Angelegenheiten«, und zwar sollte man drei kultische, drei außenpolitische und drei weltliche Angelegenheiten behandeln. (Aristoteles, Staat der Athener, Kap. 43)

Die Macht der Volksversammlung war unumschränkt. Sie wählte die Feldherren (Strategen), entschied über Krieg und Frieden, Truppenkontingente und Finanzmittel, auch über Erbschaftsangelegenheiten und ähnliches. Natürlich ließ sich eine so anspruchsvolle Tagesordnung nicht ohne Diskussionsleitung abwickeln. An diesem empfindlichen Punkt haben die Athener besonders radikale Vorsichtsmaßregeln gegen autoritäre Bevormundung eingebaut. Der Rat der Fünfhundert (βουλή, *boule*) trat fast täglich zusammen und bereitete die Versammlungen vor. Er wurde nicht gewählt, weil die Athener dies als undemokratisch empfunden hätten, denn bei Wahlen haben diejenigen mehr Chancen, die sich durch irgendetwas hervorgetan haben, also die Besten, die *aristoi* (ἀρίστοι). Es sollte aber das normale Volk selbst regieren. Deshalb wurden die 500 ausgelost, und zwar aus jeder

der zehn Phylen, in die die athenische Bevölkerung seit Kleisthenes aufgeteilt war, fünfzig. Die Sitzungsvorbereitung der Volksversammlung lag dann jeweils eine Sitzungsperiode von 34 bzw. 35 Tagen lang in den Händen von 50 Mitgliedern dieses Rates. Durch das Los wird der Vorsitzende dieser 50 bestimmt. Er darf das Amt nur für eine Nacht und für einen Tag und nicht zweimal wahrnehmen. Er verwahrt die Schlüssel der Heiligtümer, in denen sich die Gelder und die Urkunden der Polis befinden, sowie das Staatssiegel. (Aristoteles, Staat der Athener, Kap. 44) Fast jeder konnte also so etwas wie Staatspräsident und Finanzminister für eine Nacht und einen Tag sein.

Die Versammlungsleitung der Volksversammlung lag bei neun ebenfalls ausgelosten Männern, denen die vorbereitete Tagesordnung übergeben wurde und von denen einer wieder als Vorsitzender fungierte. Auch diese Funktion konnte man nicht mehr als einmal im Jahr übernehmen. Es war im übrigen sehr unwahrscheinlich, dass man sie überhaupt mehr als einmal im Leben innehatte. Diese Neun hatten für den geregelten Ablauf der Versammlungen zu sorgen. Die einzigen gewählten politischen Beamten waren die zehn Strategen, die militärischen Führer, die Flottenbaumeister, die Leiter der städtischen Wasserversorgung und einige Finanzbeamte, die jeweils für ein Jahr bestimmt werden. Sie konnten wiedergewählt werden. Perikles zum Beispiel übte über Jahrzehnte die Funktion des Strategen aus, hätte jedoch genausogut auch abgewählt werden können, wie es ihm im Jahre 430 dann auch geschehen ist. In diesem Sinne ist Thukydides' Charakteristik falsch, Athen sei nur dem Namen nach eine Volksherrschaft gewesen, in Wirklichkeit aber die Herrschaft des ersten Mannes. (Thukydides, II, 65)

Befehle durften die Strategen nur auf Kriegszügen erteilen, und danach mussten sie jeweils Rechenschaft ablegen, vor allem auch über ihre finanzielle Situation. Die Volksversammlung urteilte hier außerordentlich streng. Die Athener haben mehrfach auch siegreiche Strategen wegen finanzieller Unregelmäßigkeiten angeklagt.

Ein modernes repräsentatives Regierungssystem mit Gewaltenteilung, mit Beamtenernennung von oben statt durch Losverfahren, mit längeren Amtsperioden als einem Jahr und mit richterlichen Funktionen auf Lebenszeit wäre den Athenern als ziemlich undemokratisch erschienen. Das Wort Demokratie hat bei uns einen Bedeutungswandel erlebt, über den man sich Rechenschaft ablegen muss, wenn man die antiken Verfassungstheorien richtig verstehen will. Es ist üblich geworden, moderne Regierungssysteme schon dann als demokratisch zu kennzeichnen, wenn nur die Möglichkeit zu Wahlen und zu einer geregelten Ablösung der Regierung besteht. Die Beratung und Organisation aller politischen Angelegenheiten durch das Volk selbst dagegen ist längst nicht mehr gemeint. Wir verwenden das griechische Wort immer noch, haben ihm aber eine veränderte Bedeutung beigelegt.

Das Gerichtssystem war in Athen ebenfalls in Händen des Volkes. Der normale Gerichtshof (δικαστήριον, dikastêrion) bestand aus 501 ausgelosten Geschworenen. Für außerordentliche Fälle wurde ein Gericht mit 1501 Mitgliedern gebildet. In manchen Angelegenheiten galten dagegen 51 als ausreichend. Das Losverfahren wurde, um jede Bestechung und Einflussnahme auszuschließen, sehr sorgfältig gehandhabt. Anklagen wurden von Bürgern vorgebracht. Der Beschuldigte hatte sich selbst zu verteidigen. Die Verhandlungen dauerten nicht länger als einen Tag – nur bei einigen besonders emotional aufgeladenen und spektakulären Fällen wurde die Sitzung einmal am nächsten Tag fortgesetzt. Der Ankläger stellte einen Strafantrag, der Beschuldigte einen Gegenantrag (auf Freispruch oder eine mildere Strafe). Dann wurde abgestimmt, und zwar ohne Beratung. Hier lag eine Schwäche des Systems, denn das Gericht konnte so keine eigenen Strafen oder Lösungen vorschlagen. Juristische Fachleute spielten keine Rolle. Berufung und Revision waren nicht vorgesehen, und wenn das Volk einmal ein Todesurteil bereute, war es längst schon vollzogen.

Eine Kontrolle gegen zuviel Prozessieren war eingeschaltet: Wenn eine Anklage zuwenig Stimmen erhielt, musste der Ankläger ein Bußgeld zahlen. Die Gerichtsreden und deren Vorbereitung waren außerordentlich wichtig. Man konnte sich hierbei helfen lassen und auf Lehrer der Redekunst zurückgreifen, wodurch dieser Berufsstand bald florierte. Privatklagen kamen übrigens zunächst vor einen Schiedsrichter, bevor gegebenenfalls ein Gericht eingeschaltet wurde. Zu diesem Dienst waren alle 59jährigen Bürger verpflichtet, die sogenannten *diaitetaí* (διαιτηταί).

Die öffentliche Verwaltung wurde ebenfalls von Normalbürgern durchgeführt, die ausgelost wurden. Das gilt für Funktionen wie die der Marktaufseher, die die Reinheit der Waren und die Maße und Gewichte zu prüfen hatten, aber auch die Straßen und Baupolizei, die z.B., wie Aristoteles berichtet, dafür zu sorgen hatte, »dass die Müllsammler den Abfall nicht innerhalb von zehn Stadien vor der Stadtmauer abladen«. (Aristoteles, Staat der Athener, 50.2) Es spricht nichts dagegen, die antiken Polisgemeinschaften als Staaten zu bezeichnen, wenn man sich darüber klar ist, dass damit nicht ein gesonderter Staats- und Verwaltungsapparat im heutigen Sinne gemeint ist, also nicht das, was die Amerikaner *administration*, die Engländer *government* und die Deutschen *Staat* nennen.

Die enorme Bedeutung der Rede in der Volksversammlung und vor den Gerichten machte Athen zu einem Zentrum argumentierender, zugespitzter Intellektualität. In dieser Stadt stand zudem die politische Diskussion im Vordergrund und war ein Betätigungsfeld für die Mehrzahl der Bürger. Die Frage der Fachkompetenz und der Unbeständigkeit der Entscheidungen spielte in der damaligen Kritik an der Demokratie eine wichtige Rolle. Kann man wichtige Staatsangelegenheiten wirklich durch Massenversammlungen entscheiden lassen? Für dieses System spricht, dass die Teilnahme an den Versammlungen, das Anhören der oftmals bedeutenden und informativen Reden, die permanente öffentliche Diskussion auch schon in der Vorbereitungsphase der Sitzungen durchaus die Sachkenntnis vermitteln konnten, die zur Entscheidungsfindung gehörte. Der Athener Vollbürger war über die Angelegenheiten seiner Polis gewiss besser informiert als der heutige Repräsentativbürger. Die Entscheidung über Krieg und Frieden wurde immer von denen getroffen, die dann selbst in den Krieg zogen und zu sterben hatten – ganz anders als bei späteren Regierungen und Generalstäben.

Die Vorzüge der athenischen Lebensweise und Verfassung sind von Perikles in seiner Rede auf die Gefallenen vom Anfang des Peloponnesischen Krieges (dem sogenannten *epitaphios*) zusammengefasst worden. Er lobt in dieser Rede, wie sie von Thukydides wiedergegeben wird (Thukydides, II, 34-46), nämlich weniger die Kriegstoten selbst als die Stadt, für die sie gekämpft hatten. Diese Rede ist eine programmatische Idealisierung, die sich von allen Konventionen und Trivialitäten löst, die ein solcher Anlass nahelegen mag. Gerade dadurch ist sie schulbildend geworden und zum Beispiel von Abraham Lincoln in seiner berühmten Rede auf die Toten der Schlacht von Gettysburg aus dem Jahre 1863 wieder aufgenommen worden.

Athens politisches System ist in dieser Darstellung keine Nachahmung anderer, sondern im Gegenteil das Vorbild für viele andere. Die Herrschaft wird vom Volk selbst ausgeübt. Zwar hat jeder vor dem Gesetz das gleiche Rederecht, in der öffentlichen Bewertung gilt jedoch der mehr, der auf irgendeinem Gebiet durch Leistung ein besonderes Ansehen erworben hat –

unabhängig davon, ob er arm oder reich ist. Nicht harter Drill wie bei den Spartanern macht die Stärke der Athener aus, auch nicht Geheimhaltung und Ausschließung gegenüber den Fremden. Jene lässt man vielmehr offen in die Stadt und verlässt sich im Ernstfall lieber auf die eigene Entschlossenheit zu handeln. Im täglichen Leben herrscht ein freier Geist. Auch Vergnügungen werden geschätzt und akzeptiert, während die engherzigen Beschränkungen der Spartaner für einen freien Athener ein unschöner Anblick sind. Erholungen des Geistes spielen in Athen eine wichtige Rolle, und man neigt auch dazu, in den Tag hineinzuleben und sich durch zukünftige Gefahren nicht stören zu lassen, sondern diesen erst dann entgegenzutreten, wenn sie kommen. Perikles meint, dass diese gewisse Leichtigkeit im Umgang mit Dingen, an denen andere sich mühen und abplagen, durchaus Bewunderung verdient.

Der Beweis für die Richtigkeit der athenischen Demokratie ist für Perikles die Macht und der öffentliche Reichtum der Stadt, der alles bisher Bekannte in den Schatten stellt. Nicht militärische Härte und geistige Unbeweglichkeit wie bei den Spartanern, sondern Anmut und Selbstsicherheit zeichnet die Athener aus. Die Bürger sollen deshalb Tag für Tag die Macht der Stadt in ihrer Wirklichkeit mit Augen schauen und sie wie Liebende (als Liebhaber, ἐρασταί, *erastai*) betrachten. Gemeint ist gewiss der Anblick der großen Staatsbauten auf der Akropolis und der großen Mauern, die die Stadt bis hinunter zum Hafen Piräus umgaben.

Entscheidend ist, dass Politik – anders als das später Platon fordern wird und anders als das heute der Fall ist – keine Sache von Fachleuten, Experten und Eliten, sondern der Bürger selbst gewesen ist. Wenn in der amerikanischen und französischen Revolution sowie im England des 19. Jahrhunderts auf Erfahrungen mit der Demokratie zurückgegriffen wurde, bezog sich das auf die attische Demokratie, denn sie ist die einzige griechische Demokratie, über die wir Näheres wissen. Die Griechen waren die ersten, die einigermaßen systematisch ihre Politik dokumentiert und mit hohem philosophischem Anspruch darüber nachgedacht haben. Ihr Modell war wegen der Möglichkeit des literarischen Rückgriffs darauf auch die zukunftsträchtigste Erfahrung.

Dies wurde nicht immer so gesehen. Dort, wo Weltgeschichte im traditionellen Sinn als Abfolge der Machtentfaltung von großen Reichen dargestellt wird, verschwindet Athen meist am Ende des großen athenischen Jahrhunderts aus der zusammenhängenden Darstellung, als es nämlich im Jahre 404 v.Chr. seine Niederlage gegen Sparta erlitten hatte. Außenpolitisch hatte es seine Weltmachtstellung verloren und war damit aus den Geschichtsbüchern ausgeschieden.[10] Die Stadt wurde aber nicht, wie es in der Antike sonst oft bei Eroberungen der Fall war, ausgelöscht und die Einwohner versklavt, sondern sie existierte weiter. Die innenpolitischen Folgen der Kapitulation waren die Errichtung der Tyrannei der Dreißig, die sich auf die spartanische Besatzungsmacht stützen konnte. Doch schon nach kurzer Zeit begannen die Demokraten von Piräus aus mit einer zunächst kleinen Kampfgruppe unter der Führung von Thrasybulos, bewaffneten Widerstand zu leisten und haben die Demokratie im Jahre 403 wieder hergestellt. Die Demokraten handelten nach ihrem Sieg übrigens außerordentlich gemäßigt und zurückhaltend. Sie verkündeten eine Amnestie (von der die Tyrannen selbst allerdings ausgenommen waren), verzichteten darauf, das Eigentum der oligarchischen Gruppierung zu beschlagnahmen und erreichten eine soziale Aussöhnung, die Athen eine lange Phase ohne Bürgerkrieg und Staatsstreich brachte. Eine moderne Untersuchung macht deutlich, dass wir, was die Demokratie betrifft, in den Ereignissen von 404/403 keinen Epochenbruch sehen sollten. Es stimmt auch nicht, dass die Stadt sich im 4. Jahrhundert nach dem Verlust der Weltmachtstellung in einem allgemeinen Niedergang befand und dass die Bürger sich mehr und mehr ins Privatleben zurückzogen.[11] Die Demokratie wurde sogar eher ausgebaut und es wurden nun auch Diäten für den Besuch der Volksversammlungen gezahlt (für die Ratsmitglieder gab es diese schon seit langem). Dies kann man als Beweis dafür nehmen, wie fest verankert die athenische Demokratie gewesen ist. Offenbar reichten die Staatseinkünfte dazu aus. Athen blieb weiterhin ein Zentrum des Handels und des Handwerks. Die Stadt errang schon 394 wieder einen Seesieg gegen Sparta, sie baute die großen Mauern wieder auf. Im Jahre 378 gelang sogar die Gründung eines neuen Seebundes.

Die athenische Außenpolitik geriet erst wirklich in Bedrängnis durch den Aufstieg Makedoniens unter Philipp, dem Vater Alexanders des Großen. Der griechische koordinierte Widerstand unterlag den Makedoniern in der Schlacht von Chaironeia im Jahre 338 v. Chr. Innenpolitisch wurde auch danach noch die Demokratie erhalten, weil die Stadt selbst unangetastet blieb. Sie hatte auch weiterhin umfangreiche Geldmittel zur Verfügung, baute das Dionysos-Theater aus, begann den Bau eines neuen Stadions und brachte die Kriegsflotte auf die Zahl von 350 Schiffen – einen Umfang, den es vorher nie gegeben hatte. Nach dem Tod Alexanders wurde erneut ein Aufstand gegen die Makedonier versucht, der jedoch gerade auch im Seekrieg scheiterte. Athen erhielt 322 eine Besatzung und wurde gezwungen, auf die Demokratie zu verzichten. Die Institutionen behielten zwar ihre Namen aus demokratischer Zeit, es herrschte aber von da an eine Oligarchie. Formal blieben die Intitutionen bis in die römische Kaiserzeit hinein erhalten. Der Bürgerstatus wurde 322 allerdings so umdefiniert, dass die Vielen und Armen nicht mehr dazugehörten.[12] Intellektuelles Zentrum der antiken Welt blieb die Stadt weiterhin.

Schon zur Zeit der politischen Aktivität des Perikles (also zwischen 463 und 429 v. Chr.) war der vorherrschende Geist der intellektuellen und politischen Elite der einer aufgeklärten Skepsis. Zu den Lehrern und Beratern von Perikles gehörten Anaxagoras und Protagoras. Anaxagoras hatte offenbar eine ausgearbeitete politische Philosophie. Uns sind aber lediglich Fragmente über die Natur überliefert, in denen er rationale Erklärungen gibt, die sich von denen der anderen griechischen Naturphilosophen dadurch unterschieden, dass er das Universum nicht lediglich als von Zufall oder Notwendigkeit beherrscht dachte, sondern vielmehr durch den *nous* (νοῦς), den Geist bzw. die Vernunft. Die Vernunft war es seiner Ansicht nach, die alles ordnete und die Ursache aller Dinge war (Platon, Phaidon, 95b). Sokrates war von dieser Lehre zunächst begeistert, musste aber nach und nach feststellen, dass das, was Anaxagoras *nous* nannte, nur die erste Bewegungsursache war. Danach war die Vernunft eigentlich gar nicht mehr notwendig, und es lief letzten Endes doch alles wieder auf auf Luft, Äther und Wasser hinaus, wie er beklagt. Perikles jedenfalls, eine Generation älter als Sokrates, wurde durch Anaxagoras sehr viel tiefer geprägt und erschien seinen Bewunderern bald selbst als *nous*, als verkörperte Vernunft.[13]

Protagoras war religiöser Agnostiker, wenn nicht sogar Atheist. Er vertrat die These, dass wir über die Götter nicht wissen können, ob es sie gibt oder nicht oder welche Gestalt sie haben mögen. Konsequenterweise nahm er deshalb den Menschen als das Maß aller Dinge. Die Modernität dieses Denkens gehörte zu einer Welt des international ausgerichteten Handels und Seeverkehrs. Der Komödiendichter Aristophanes hat sich darüber belustigt, dass mitten im Winter in Athen frische Gurken, Kürbisse, Weintrauben, Birnen, Veilchenkränze und vieles andere angeboten wurde. Wenn man die Marktstände entlanggehe, wisse man nicht, in welcher Jahreszeit man sich befinde.[14] So faszinierend dies war, so sehr Perikles die Toleranz und Weltoffenheit der Athener betonte, so muss doch auch berücksichtigt werden, dass Anaxagoras wegen Verstoßes gegen die Religion angeklagt wurde. Er war kein gebürtiger Athener, sondern stammte aus Klazomenai. Anders als später Sokrates entschied er sich zur Flucht. Auch von Protagoras wird berichtet, dass er aus Athen verbannt wurde und seine Bücher auf dem Markt verbrannt wurden, nachdem man sie durch öffentliche Aufforderung allen Besitzern abgefordert und sie eingezogen hatte (Diogenes Laertius, IX, 50 ff.). Die Athener taten sich schwer mit den vielen Sophisten und Philosophen, die die Stadt aus ganz Griechenland anzog und die schließlich ihr bedeutendstes Erbe ausmachen würden.

Zur sozialen Struktur Athens gehörte die Sklaverei. Athen war die größte Stadt und hatte die meisten Sklaven. Einige waren schon als solche geboren worden, andere waren Kriegsgefangene, wieder andere konnten auf Sklavenmärkten gekauft werden. Sie waren tätig als Handwerker, Bergarbeiter und Staatssklaven; als Schreiber, aber auch als Leute, die den Müll beiseitezuräumen hatten und zum Beispiel, wie es an einer Stelle bei Aristoteles heißt, auch diejenigen wegzuschaffen hatten, die auf der Straße gestorben waren. Und sie waren natürlich als Bedienstete in den Haushalten tätig. Anders als in Rom spielten sie in der Landwirtschaft eine geringere Rolle, weil hier die kleinen Bauern selbst die Hauptarbeit verrichteten. In den späteren Jahren der athenischen Demokratie bekamen sie sogar gewisse Rechte. Sie konnten vor Gericht als Zeugen aussagen und auch bestimmte Verträge schließen. Ihre Lage war außerordentlich differenziert: Eine wichtige Voraussetzung, unter ihnen keine effektive Solidarität gegen ihre Situation entstehen zu lassen. Die Freilassung kam nur sehr selten vor und war für den Sklaven meist auch mit vertraglichen Auflagen verbunden, die ihn weiterhin seinem alten

Herrn verpflichteten. Von den knapp 300 000 Einwohner Athens (einschließlich seiner ländlichen Gebiete in Attika) vor dem Peloponnesischen Krieg dürften etwa 80 000 Sklaven gewesen sein. Hinzu kamen 25 000 Metoiken, also ortsansässige Fremde ohne politische Mitwirkungsrechte. Politische Rechte hatten die etwa 30 000 bis 50 000 erwachsenen Männer.[15]

Immerhin wurde auch die Institution der Sklaverei, die bis ans Ende der Antike in Kraft blieb, von sophistischer Seite, nämlich von einem Gorgias-Schüler in Frage gestellt. Alkidamas war es, der das moderne Postulat aufstellte: »Die Natur hat alle frei geschaffen, und keinen hat die Natur zum Sklaven bestimmt.« (Fragment 1, nach Aristoteles Rhetorik 1373b18, Anm.) Aristoteles verwendet an prominenter Stelle, nämlich im ersten Buch seiner *Politik*, sehr viele Worte, um die Sklaverei zu rechtfertigen – ein Beweis dafür, dass diese keineswegs selbstverständlich war. Seine Rechtfertigung besteht in der Behauptung, dass es Über- und Unterordnung nun einmal von Natur aus gibt. Viele Sklaven sind darüber hinaus ihrer geistigen oder körperlichen Natur nach den Freien unterlegen. Wer das aber ist, verdient es nach der Meinung des Philosophen, Sklave eines Besseren zu sein. Dann gibt es noch den Fall desjenigen, der rein nach dem Gesetz verklavt wurde, weil es eine gewisse allgemeine Übereinkunft gibt, dass der im Krieg Besiegte Eigentum des Siegers wird und als Sklave behalten oder verkauft werden kann. Aber ist der Sieger wirklich besser als der Besiegte? Bei Aristoteles bleibt immerhin ein gewisser Zweifel zurück, ob wirklich alle Menschen, die Sklave oder Freie sind, dies auch der Natur nach so sein müssen. Er kommt deshalb zu dem Schluss, dass eine gewisse Freundschaft zwischen dem Sklaven und dem Herrn nützlich sei, sofern beide ihren Status von Natur aus verdienten. Falls es aber keine natürlichen Gründe für die Unterordnung des Sklaven unter den Herrn gab, sondern dieses Verhältnis lediglich durch Gewalt konstituiert war oder auf willkürlichen Gesetzen beruhte, die dann ja nur ein Gewaltverhältnis auf Dauer stellten, dann konnte von Freundschaft selbstverständlich keine Rede sein. (Aristoteles, Politik, 1254f.)

3. Machtpolitik und Krieg: Die politische Wissenschaft bei Thukydides

»Doch die meisten Machthaber, mein Lieber, sind schlecht«
(Sokrates, in: Platon, *Gorgias,* 526b)

Wenn ein amerikanischer Nachwuchsoffizier die Mitteilung bekommt, dass er einen der begehrten Studienplätze am *Naval War College* in Newport bekommen hat, erhält er gleichzeitig ein Exemplar des *Peloponnesischen Krieges* von Thukydides ausgehändigt.[16] Es gibt kein Seminar über internationale Beziehungen, das sich nicht auf seine Analysen stützen würde. In der Zeit des Kalten Krieges fanden die USA sich in der Seemacht Athen wieder, die einen Hegemonialkonflikt gegen die Landmacht Sparta auszutragen hatte. Athen war weltläufig, modern, reich und überlegen; Sparta dagegen eng, finster und militaristisch. Für einfachere Gemüter lag darin schon eine wesentliche Identifikationsmöglichkeit. Die Tatsache, dass Sparta den Krieg am Ende gewonnen hat, konnte zudem als besondere Mahnung und Warnung aufgefasst werden.

Wichtiger aber ist, dass Thukydides eine theoriegeleitete nüchterne Durchdringung der Kriegsursachen und des Verhältnisses von Politik und Kriegführung vorgelegt hat, die von den späteren römischen Historikern mit ihrer moralisierenden Herangehensweise nie wieder erreicht worden ist. Bei Thukydides wird die Geschichtsschreibung politisch. Das lässt sich vor allem an der Vorgeschichte des Krieges, der sogenannten Archäologie, im ersten Buch seines Werkes zeigen.[17] Er stellt nämlich die These auf, dass alle Ereignisse vor dem Konflikt zwischen Athen und Sparta ganz unbedeutend waren. Man weiß ohnehin nur wenig darüber, und das, was man weiß, lässt den Schluss zu, dass es nur um Kämpfe zwischen instabilen Stämmen ging, die keine große ökonomische Macht und Dauerhaftigkeit entfalten konnten. Es gab weder größere Städte noch entwickelte Zivilisationsformen. Erst wenn sich große Kapitalien angesammelt haben und ausgedehnte Reiche zustandegekommen sind, kann von ernsthaften und wichtigen Konflikten die Rede sein. Er analysiert zum Beispiel den Schiffskatalog in Homers *Ilias*, um zu dem Schluss zu kommen, dass die damaligen Flotten unbedeutend waren und die Schiffe primitiv. Die Entwicklung von Kapitalanhäufung und die Konstruktion der Flotten, auch und gerade deren technische Seite, interessieren ihn. Daraus leitet er die Potentiale der Seemacht ab.

Athen wird in den Perserkriegen zum Machtfaktor. Durch das Bündnis mit den griechischen Inseln und den griechischen Städten an der kleinasiatischen Küste, also durch den attischen Seebund, wird Athen zum Gegengewicht gegen die bis dahin in Griechenland dominierende spartanische Vormacht, deren Verbündete den peloponnesischen Bund bilden. Es kommt zum Wettrüsten zwischen den beiden Machtsystemen mit Zwischenfällen und Reibungen. Es gibt zwischendurch Friedensschlüsse, aber alles läuft auf den großen Endkampf zu. Die Entwicklung zum Krieg wird nicht in den Kategorien von Schuld und Moral gezeichnet, sondern als nach Regeln der Notwendigkeit ablaufender wirtschafts- und machtpolitischer Konflikt. »Die Stichworte der modernen Realpolitik wiederholen sich in der Vorgeschichte mit fast stereotyper Regelmäßigkeit und prägen sich dem Leser so ein, dass er an die Darstellung des Krieges mit dem Bewusstsein herantritt, dass es sich um die größte Machtentfaltung und Machtkrisis handelt, die jemals in der griechischen Geschichte dagewesen ist.«[18]

Thukydides ist alles andere als ein Historiker im heutigen Sinne. Nach dem heutigen Bewusstseinsstand ist jedes Geschehen einzigartig, es wiederholt sich nichts und es gibt keinen Kreislauf von Ereignissen. Ein allgemeines Gesetz der Geschichte gibt es nicht. Dieses Denken ist wohl eine zugespitzte Reaktion auf den Zusammenbruch der hegelianischen und marxistischen Geschichtsphilosophie. Das von Thukydides verwendete systematische Kategoriensystem legt es nahe, ihn nach heutigen Maßstäben eher als systematischen Politikwissenschaftler anzusehen, der an allgemeinen Strukturen und Gesetzmäßigkeiten interessiert ist. Er analysiert die paradigmatische Struktur von Konfliktsituationen. Er tut das in seinem Werk für jede Grundsituation übrigens nur einmal, an anderen Stellen, an denen vergleichbare Situationen vorliegen, gibt er nur knapp die Ereignisse wieder, die für ihn zwar die Materialgrundlage bilden, und die er sich so korrekt wie möglich darzustellen bemüht, die aber nicht der eigentliche Kern seines Interesses sind.

Er selbst hat Zweck und Absicht seiner Darstellung sehr genau angegeben: »Zum Hören wird der Mangel an schönen Geschichten in meinem Werk vielleicht weniger ergötzlich scheinen. Aber alle, die den genauen Sachverhalt dessen prüfen wollen, was geschehen ist und was nach Menschenweise gewiss künftig wieder einmal so oder ähnlich geschehen wird, denen wird es für ein zulängliches Urteil Nutzen gewähren. Es ist mehr als ein Besitz für immer denn als ein Prunkstück für den Genuss des Augenblicks verfasst.« (Thukydides, I, 22)

So oder ähnlich – das ist die Formel, aus der heraus Analogieschlüsse auf andere Situationen der Machtauseinandersetzung und des Wettrüstens sowie des Krisenmanagements in zugespitzten Situationen möglich werden. Es geht seinem Denken wie überhaupt der gesamten griechischen politischen Philosophie darum, das richtige Handeln anzuleiten. Das Denken ist auf das Erkennen und auf das Allgemeine gerichtet. Die Schulung durch die sophistische Aufklärung ist in seinem Werk ständig spürbar. Die Werke der großen Sophisten sind uns verlorengegangen. Unter der Maske eines historischen Werkes, das als solches der Überlieferung für wert befunden wurde, hat mit dem Buch von Thukydides eine Schrift überlebt, die als Beispiel dafür gelten kann, wie ein Machttheoretiker vom Zuschnitt des Protagoras, des Gorgias oder des späteren Thrasymachos politische Strukturen und Situationen analysiert hätte.

Wer rational handeln will, muss davon ausgehen, dass es bei gleichartigen oder ähnlichen politischen Konstellationen gleiche oder ähnliche Wirkungen geben wird. Andernfalls ist Erfahrungswissen nicht möglich und Geschichtserzählung nur interessante Ausschmückung langweiliger Abende. Es geht Thukydides um diese politische Erkenntnis. Wie ein rationaler Politiker vorzugehen hat, beschreibt er in einer Charakteristik des Themistokles, des Siegers von Salamis: »Durch eigene Klugheit allein, weder irgendwie vorbelehrt noch nachbelehrt, war er mit kürzester Überlegung ein unfehlbarer Erkenner des Augenblicks und auf weiteste Sicht der beste Berechner der Zukunft. Was er an die Hand nahm, vermochte er auch darzustellen; selbst wo ihm Erfahrung fehlte, war ihm doch treffendes Urteil nicht versagt; das Bessere und das Schlechtere konnte er im noch Ungewissen am ehesten voraussehen. Kurz gesagt: durch die Macht seiner Anlage, fast ohne Schulung, war dieser Mann fähig wie keiner, aus der Eingebung des Augenblicks das Entscheidende zu treffen.« (Thukydides, I, 138)

Dieses Beispiel zeigt auch sehr klar, dass der Rationalismus des Analytikers keineswegs die Anerkennung einer besonderen Begabung verhindert. Es gibt objektive Situationen der wirtschaftlichen Macht und der militärischen Möglichkeiten. Die Politiker sind unterschiedlich begabt, diese richtig einzuschätzen und auf die richtige Lösung zu kommen. Vor allem haben sie eine unterschiedliche Begabung, für diese Lösung auch die nötige Zustimmung bei ihrem eigenen Volk zu finden. Thukydides ist ein Verfechter des Primats der Politik vor der Kriegführung. Dieser Analytiker bewundert weniger große Heldentaten und Siege, sondern vielmehr das politische Vermögen, die Ziele der eigenen Politik und notfalls auch die Kriegsziele sinnvoll zu definieren und die notwendigen Handlungen zu ergreifen. Immer stehen in seiner Analyse die großen Linien der Strategie im Vordergrund. Für das Athener Denken galt der Primat der Politik vor der Kriegführung übrigens durchgängig.

Die Darstellungsweise von Thukydides ist der damaligen Erscheinungsweise des griechischen Philosophierens nahe. Es sind die zahlreichen großen Reden und vor allem ein bis heute bedeutsames Streitgespräch, der Melier-Dialog, in denen er die jeweilige Sicht der Dinge der unterschiedlichen Parteien zur Darstellung bringt. Ein amerikanischer Forscher hält diese Reden für authentisch, weil Thukydides mindestens bei den Reden des Perikles persönlich anwesend war und weil sie so denkwürdig waren, dass eine falsche Wiedergabe angesichts der damaligen Bedeutung der Gedächtniskunst auffallen musste[19].

Thukydides selber sieht das anders: »Was nun in Reden hüben und drüben vorgebracht wurde, während sie sich zum Kriege anschickten, und als sie schon drin waren, davon die wörtliche Genauigkeit wiederzugeben war schwierig sowohl für mich, wo ich selber zuhörte, wie auch für meine Gewährsleute anderwärts; nur wie meiner Meinung nach ein jeder in seiner Lage etwa sprechen musste, so stehen die Reden da, in möglichst engem Anschluss an den Gesamtsinn des in Wirklichkeit Gesagten.« (Thukydides,

I, 22). Die deutschen Forscher sind sich durchweg einig darin, dass es sich um stilisierte Dokumente der durchdachten politischen Theoriebildung von Thukydides selbst handelt. Denn für die faktischen Geschehnisse wählt er ein ganz anderes Prinzip. Diese will er nicht »nach meinem Dafürhalten« und auch nicht nach der Auskunft des ersten besten aufschreiben, sondern er hat den Anspruch, sowohl dem Selbsterlebten als auch dem von anderen Berichteten in aller Genauigkeit nachgegangen zu sein. Diese präzise Differenzierung zeigt, dass es ihm bei den Reden um etwas ganz Besonderes ging, nämlich um die Aufdeckung der wirklichen Motive der Betroffenen.

In der politischen Rede gilt die Konvention, dass das wirklich Gesagte oft nur der Vorwand, der äußere Schein des Gemeinten sein kann. Der politische Analytiker hat sich hier die Freiheit genommen, die Protagonisten (»die korinthischen Gesandten«, »die Athener«, »die Melier«) sehr viel offener und direkter sprechen zu lassen, als sie es in der diplomatischen Wirklichkeit wohl tun konnten. Das ermöglicht ihm den Perspektivenwechsel. Die Wahrheit kann auf diese Weise von mehreren Seiten beleuchtet werden. Der Leser kann ein Verständnis für die Motive der gegeneinander argumentierenden und schließlich kämpfenden Parteien gewinnen. Der Sprachstil ist für alle Reden derselbe.

Politik wird bei ihm – wie in der sophistischen Lehre üblich – vollkommen von Recht und Moral gelöst. Sie ist ein selbständiger Bereich, der eigenen Regeln und einer eigenen Kausalität gehorcht. Seine Geschichte ist nicht Ereignisgeschichte, sondern strukturell analysierte politische Geschichte. Rhetorisch verwendet er eine sophistische Technik, nämlich die sogenannte Antilogie. Nach einer Rede, die den Standpunkt einer Partei vollkommen schlüssig und überzeugend darlegt, folgt die Gegenrede, die dies für den genau entgegengesetzten Standpunkt ebenso tut. Beide haben auf ihre Weise recht. Der Perspektivismus und

Relativismus des sophistischen Denkens, den die späteren Philosophen mit Sokrates und Platon so sehr bekämpft haben, zeigt hier seine Leistungsfähigkeit im Verstehen politischer Zusammenhänge und Abläufe.

Die Diagnostik ist kühl und dem ärztlichen Vorbild abgeschaut. Die fürchterlichen Folgen der Seuche, die in Athen nach Kriegsbeginn ausbricht und plötzlich dazu führt, dass Sittenlosigkeit und die Hingabe an die Lust und die Bedürfnisse des Augenblicks im Angesicht des möglichen und wahrscheinlichen Todes alle sozialen Regeln zerstören, werden mit eindrucksvoller Präzision beschrieben.[20] »Die Menschen, völlig überwältigt vom Leid und ratlos, was aus ihnen werden sollte, wurden gleichgültig gegen Heiliges und Erlaubtes ohne Unterschied.« (Thukydides, II, 52) Er moralisiert nicht, sondern konstatiert.

Das Machtproblem ist die zentrale Frage seiner Darstellung. Ihren Höhepunkt hat sie im Melierdialog. Die Vernichtung der Bewohner jener kleinen Insel war im Krieg militärisch gesehen nur ein Randereignis. Politisch dagegen war sie folgenreich, »hat es die öffentliche Meinung Griechenlands doch noch ein Jahrhundert später beschäftigt und gegen Athen eingenommen, während es im Kriege selbst die Sympathien für Athen, die an sich schon sehr gering waren, auf den Nullpunkt sinken ließ.«[21] Die Athener schickten im 16. Kriegsjahr eine starke Flotte gegen die Insel Melos, die eine Gründung Spartas war und sich zunächst neutral verhalten hatte. Um die Insel unter Druck zu setzen, sich wie die anderen von Sparta abzuwenden, hatte Athen in einigen kleineren Angriffsoperationen das Land mehrfach verwüstet. Daraufhin hatte Melos sich erklärtermaßen auf die spartanische Seite gestellt. Dies nun war Athen nicht bereit hinzunehmen.

Die Athener schicken Gesandte, um Melos zur kampflosen Übergabe zu bewegen. Die Melier weigern sich, diese Gesandten direkt vor dem Volk sprechen zu lassen und führen sie vor die

Behörden und den Rat der Adligen. Die Diskussion wird in Rede und Gegenrede durchgeführt. Zwei Grundprinzipien stehen gegeneinander. Die Melier erklären, wenn sie sich auf Rechtsgründe berufen würden, bedeutete dies Krieg, denn die Athener träten offenkundig mit massiver Gewalt auf. Würden sie aber nachgeben, würde das für sie Knechtschaft bedeuten.

Die Athener verzichten auf alle Beschönigungen, Scheinbegründungen und historischen Exkurse, warum sie zur Vorherrschaft berufen seien (wie man das später aus Vergils *Aeneis* kennt), sondern erklären ganz direkt »nach unserer beider wahren Gedanken, da ihr so gut wisst wie wir, dass im menschlichen Verhältnis Recht gilt bei Gleichheit der Kräfte, doch das Mögliche der Überlegene durchsetzt, der Schwache hinnimmt.« (Thukydides, V, 89) Es geht also nur noch darum, den Meliern überzeugend klarzumachen, dass sie wirklich die Schwächeren sind und Hilfe von außen nicht zu erwarten haben. Die Melier berufen sich nun auf Gründe der Billigkeit: Auch die Macht der Athener könnte einmal stürzen. Sie sollten nur so handeln, wie sie dann auch behandelt werden möchten. Die kühle Antwort der Athener: »Diese Gefahr bleibe uns überlassen zu tragen.« (Thukydides, V, 91) Sie weisen die Melier darauf hin, dass sie, falls sie sich unterwerfen, am Leben bleiben, während die Athener den Vorteil hätten, die Mühe der Vernichtung zu sparen. Rhetorische Überredungskünste spielen hier keine Rolle. Die gegenseitigen Standpunkte werden in völliger Klarheit präsentiert ohne die üblichen Nebelschwaden diplomatischer Rede.

Das Angebot der Neutralität, das die Melier daraufhin machen, wird abgelehnt. Läge Melos auf dem Festland, könnte es akzeptiert werden. Aber die Seemacht Athen braucht die absolute und uneingeschränkte Herrschaft über das Meer. Das Prinzip Hoffnung der Melier, dass das Kriegsglück sich ja auch wieder in die andere Richtung wenden könnte, wird beantwortet mit dem Hinweis, dass nur der sinnvoll hoffen kann, der noch längere Zeit vor sich und mehrere Optionen hat, nicht aber der, der unmittelbar vor seiner Vernichtung steht. Die Melier führen dann die Macht Spartas und den Willen der Gottheit an. Die naheliegende Antwort der Athener ist, dass es ihnen an der Gunst der Götter gewiss auch nicht fehlen werde, zumal das Göttliche in Form eines Naturgesetzes herrscht, und dieses besagt, dass die Macht sich durchsetzen wird. Falls die Melier einmal soviel Macht wie die Athener hätten, würden sie sich gewiss auf die gleiche Weise durchsetzen. Die Götter können also außerhalb des Spiels bleiben. Auch aus diesem Argument spricht die sophistische Aufklärung mit ihren agnostischen Zügen. So richtig das Argument war, so empörend musste es doch auf alle Göttergläubigen wirken und zeigt dadurch zugleich die Ambivalenz gerade auch einer philosophisch aufgeklärten Machtpolitik.

Was die mögliche Hilfestellung durch Sparta angeht, so arbeiten die Athener heraus, dass die von den Meliern erhofften Motive Spartas, aus Freundschaft und Treue zu ihren melischen Blutsverwandten zu helfen, dessen Politik gewiss nicht leiten, sondern stattdessen die Prinzipien der Vorsicht und Sicherheit. Die Spartaner werden angesichts der athenischen Überlegenheit auf See gewiss nicht das Risiko eingehen, auf eine Insel überzusetzen. Bliebe den Meliern nur die Ehre, sich zu wehren. Das wäre aber unvernünftig, »denn ihr werdet doch nichts geben auf die in schmählicher, selbstgewählter Gefahr so vielfach den Menschen verhängnisvolle Ehre.« (Thukydides, V, 111). Die Vorteile der Unterwerfung dagegen wären eine regelmäßige Steuerzahlung, der Erhalt des Besitzes und die nunmehr durch Athen garantierte Sicherheit, denn es ist Athens Prinzip, gegenüber den Schwächeren Maß zu halten, aber bei Widerstand Härte zu zeigen.

Die Athener ziehen sich aus der Verhandlung zurück. Als die Melier beschließen,weiterhin nur ihre Neutralität in diesem

Konflikt anzubieten und die Unterwerfung ablehnen, wird die Stadt belagert und muss sich nach längerer Belagerungszeit ergeben. »Die Athener richteten alle erwachsenen Melier hin, soweit sie in ihre Hand fielen, die Frauen und Kinder verkauften sie in die Sklaverei. Den Ort gründeten sie selber neu, indem sie später 500 attische Bürger dort ansiedelten.« (Thukydides, V, 116)

Die unverhüllte Demonstration des Machtdenkens stellte der geltenden politischen Moral das Recht des Stärkeren gegenüber. Das war eine Grunderfahrung der außenpolitischen Situation dieser Zeit. Die späteren Anstrengungen von Platon können wir in dem Sinne verstehen, den machtpolitischen Realismus angesichts derartiger Erscheinungsformen nicht einfach hinzunehmen, sondern in seine theoretische wie lebenspraktische Widersprüchlichkeit hineinzuführen und von dort aus zur Rekonstruktion einer Idee des Guten zu kommen, die nun nicht mehr auf Tradition und Götterglauben beruhen konnte, sondern in einer neuen Stufe philosophischer Denkanstrengungen begründet werden sollte. Besonders Platons Idealstaat in der *Politeia* wird dann zeigen, wie weit er sich hierzu aus der Realität seiner Zeit herausbewegen musste.

Thukydides hat in dem Konflikt zwischen Athen und Melos nicht Stellung genommen. Es gibt an keiner Stelle bei ihm einen Hinweis darauf, dass ein anderes Verhalten der Athener besser gewesen wäre. In anderen Fragen, bei der Landung der Athener in Sizilien, besteht seine Kritik darin, dass diese ein strategischer Fehler gewesen sei, der schließlich zur Niederlage geführt habe, nicht aber in moralischen Erwägungen. Nicht moralische, sondern strategische und machtpolitische Erwägungen sind für ihn ausschlaggebend. So hat er in seinem Buch eindeutig für die Defensivstrategie des Perikles Partei genommen, sich ganz und gar auf die Flotte zu verlassen, jede Landschlacht zu vermeiden, deshalb die Ackerbaugebiete auf Attika aufzugeben und die gesamte

Bevölkerung hinter die großen Mauern Athens zurückzuziehen. Ein Gebietserwerb während des Krieges sollte nicht angestrebt werden. Stattdessen sollte gegen Sparta durch risikolose Operationen zur See eine Zermürbungstaktik angewendet werden. Da die Nachfolger des Perikles eine andere, aktivere Kriegführung durchsetzten, ziehen sie die Kritik des Analytikers auf sich. Er meint, Athen hätte unter der Führung des Perikles angesichts seiner wirtschaftlichen Überlegenheit den Krieg mit Leichtigkeit gewinnen können. Allerdings bedurfte es einer enormen Führungskraft, um die Bevölkerung davon zu überzeugen, dass die eigene Landwirtschaft und Besiedlung der Umgebung Athens auf viele Jahre hinaus den spartanischen Verwüstungsfeldzügen preisgegeben werden sollte. Die Zusammenballung der untätigen Athener hinter den Stadtmauern war gewiss auch eine Ursache der Seuche, die nur in der Stadt, aber nicht außerhalb und auch nicht auf dem Peloponnes wütete, bei der also offenbar hygienische Bedingungen wie bei fast allen Seuchen eine wichtige Rolle spielten. Die Führungsqualität, eine solche Strategie auch noch nach dieser Katastrophensituation durchzusetzen, hatten seine Nachfolger nicht mehr.

Bleibt die Frage, ob Thukydides mit dieser eindeutigen Parteinahme für die Vorgehensweise des Perikles recht hatte – gerade auch unter strategischen und machtpolitischen Gesichtspunkten.[22] Diese Frage gehört zwar eher zur politischen Strategie als zur politischen Philosophie, soll hier aber wenigstens kurz gestreift werden, weil ich dieses Kapitel mit dem Hinweis auf die amerikanische Militärakademie begonnen habe. Eine Zermürbungsstrategie, die den vollen Einsatz der eigenen Kräfte vermeidet, die der Auseinandersetzung auf dem Lande aus dem Wege geht und nur auf zwar harte, aber letztlich nicht kriegsentscheidende Verwüstungen setzt, die man mittels seiner Seeüberlegenheit an jedem beliebigen Punkt der Küste des Gegners anrichten kann, ist kostspielig und langwierig. Bei einem entschlossenen Gegner, der diese Nachteile in Kauf nimmt, kann sie scheitern, zumal wenn die Seemacht demokratisch ist und Opfer zu beklagen hat. Die eigene materielle und finanzielle Überlegenheit kann auf diese Weise nicht konfliktentscheidend umgesetzt werden. Ein Teil der Bürger wird dann auf Rückzug drängen, der andere Teil auf härtere Maßnahmen und größere Kriegsanstrengungen, d.h. dann doch auf die direkte Konfrontation im Landkrieg. Es war offenbar eine Koalition aus beiden Gruppen, die Perikles im Jahre 430 abgewählt und Anklagen wegen Unterschlagung gegen ihn vorgebracht hat. Die strategische Lehre jedenfalls, die die amerikanische Marine für sich – ganz gegen dessen Argumentation – aus dem Studium des Thukydides gezogen hat, lautet: Eine Landmacht lässt sich allein zur See nicht erfolgreich bekämpfen. Man benötigt auch überlegene Bodentruppen.

4. Das Recht des Stärkeren: Gorgias und Kallikles

»Luxus, Ungebundenheit und Freiheit,
darin bestehen, wenn jemand die Fähigkeit hat,
sich zu helfen, Tugend und Glück;
das andere aber ist äußerer Putz, widernatürliche,
von den Menschen aufgestellte Abmachungen
und nutzloses Geschwätz.«
(Kallikles, in: Platon, *Gorgias*, 492d)

Neben dem ersten Teil der *Politeia* ist der *Gorgias* der härteste und konfrontativste politische Dialog, den Platon geschrieben hat. Die Ausgangssituation ist folgende: Gorgias (483-375 v. Chr.), der große Sophist und Rhetoriklehrer aus Sizilien, hat einen Vortrag im Haus des Kallikles in Athen gehalten. Sokrates kommt, wie so häufig zu spät, als der Vortrag schon zu Ende ist und die Diskussion gerade beginnt. Dieses liebevoll ausgemalte Detail ist wichtig, denn nicht die rhetorisch ausgeschmückten und in sich geschlossenen Vorträge interessierten ihn, sondern eine Diskussion, in der jeder einzelne Satz einer genauen Überprüfung durch Zustimmung oder Bestreiten unterliegen sollte. Man konnte erst dann einen Schritt weiter gehen, wenn die übrigen Gesprächsteilnehmer einverstanden waren. Der beinahe naive Glaube an diese damals neuartige Denk- und Diskursform macht den eigentümlichen Reiz und die Präsenz der frühen und mittleren platonischen Dialoge aus. In Wirklichkeit lädt natürlich auch das Gespräch, in dem Satz und Gegensatz aufeinander folgen, zur Verwendung von rhetorischen Techniken ein – diese sind jedoch andere als die für den Aufbau einer großen zusammenhängenden Rede erforderlichen. Die späten platonischen Dialoge, besonders die *Gesetze (Nomoi)* beginnen denn auch schon, in den Routinen des Gesprächs zu erstarren. Dies ist einer der Gründe dafür, weshalb es so schwierig war, nach Platon lebendige Gespräche zu schreiben, und weshalb sich in der Philosophie trotz des grandiosen dialogischen Anfangs bei Sokrates und Platon auf die Dauer doch andere Schreibweisen durchgesetzt haben. Auch die Rhetorik der überraschenden, der bohrenden Frage hat ihre Regeln. Wenn man zum Beispiel Fragen eines ganz bestimmten Typus stellt, dann kann man eine Diskussion auch dann an sich reißen, wenn man dem Vortrag selbst nicht beigewohnt hat. Man wird dann keine inhaltlichen oder Sachfragen stellen, sondern beispielsweise die Legitimierung des Vortragenden anzweifeln.

Gorgias selbst, im Bewusstsein seiner Berühmtheit, hat sich eine kleine Falle gestellt. Er macht nämlich das Angebot, auf jede beliebige Frage zu antworten und setzt noch hinzu, dass ihn schon seit vielen Jahren niemand mehr etwas Neues gefragt habe. Sokrates bittet seinen Freund Chairephon nun, die Frage zu stellen, wer Gorgias sei. Gorgias antwortet, er sei Redner, und zwar ein hervorragender. Diese Antwort nun dekonstruiert Sokrates durch ein Spiel mit dem Verhältnis von Form und Inhalt. Wenn die Redekunst ein Wissen vom Reden ist, ist sie dann auch ein Wissen der Inhalte? Die Rede über Heilkunst müsste ja dem Kranken zeigen, wie er leben muss, um wieder gesund zu werden. Ein Wissen der Heilkunst beansprucht Gorgias jedoch nicht, sondern nur die Zuständigkeit für ein Teilgebiet, nämlich die politische und die Gerichtsrede. Ziel ist die Überredung der Hörer. In einem kurzen Abriss seiner Rhetorik legt Gorgias dar, dass diese im Grunde mächtiger ist als jede Fachtätigkeit:

»Es gibt kein Gebiet, worüber der rednerisch Gebildete vor der Menge nicht überzeugender sprechen könnte als irgendein Fachmann. So groß also und von solcher Wirkung ist die Macht dieser Kunst; man darf sich indes (...) der Redekunst nur auf gerechte Weise bedienen wie jeder anderen Kampfesart auch.« (Platon, Gorgias, 456c ff.)

Trotz dieser Einschränkung liegt hier natürlich der Ansatzpunkt für die sokratische Widerlegung. Die Rhetorik ist keine wirkliche Kunst, sondern nur ein Schein derselben, eine durch bloße Erfahrung ohne wissenschaftliche Durchdringung angeeignete Fertigkeit (ἐμπειρία, *empeiría*) (Platon, Gorgias, 462c). Sie arbeitet mit Kunstgriffen der Überredung, durch die der gute Redner sogar in der Lage ist, in Angelegenheiten der Heilkunst mehr Glauben zu finden als der Arzt. Allerdings nur bei den Unkundigen, so dass die Rhetorik bei denen, zu denen gesprochen wird, Unkenntnis voraussetzt und fördert. Sie ist Schönfärberei und von der Staatskunst nur ein Schattenbild (Platon, Gorgias, 463d). Sie neigt dazu, den Launen des Geliebten und den Stimmungen der Volksversammlung zu folgen. Die Philosophie dagegen sagt immer dasselbe (Platon, Gorgias, 481c).

Vor allem steht die Rhetorik dem Missbrauch offen, wenn man die von Gorgias vorgegebene Selbstbeschränkung aufgibt, sie nur auf gerechte Weise zu verwenden. Diese Selbstbeschränkung nun stellt der Gastgeber des Gespräches, Kallikles, in Frage. Gorgias habe dieses Zugeständnis nur gemacht, weil es anstößig und peinlich sei, zuzugeben, dass man auch Unrechtes wollen könnte. Der Druck einer solchen Gesprächssituation hindere viele daran, zu sagen, was sie wirklich denken. Kallikles nun wendet sich mit einer später vor allem bei Nietzsche wiederkehrenden Argumentationsfigur gegen den künstlichen Moralismus dieser Diskussion: »Doch die Gesetze, denke ich, sind von den Schwachen und der großen Masse gemacht. (...) Mehr haben zu wollen als die Menge, das nennt man Unrecht tun. Die Natur dagegen, denke ich, beweist selbst, dass es gerecht ist, wenn der Bessere mehr hat als der Geringere, der Stärkere mehr als der Schwächere.« (Platon, Gorgias, 483b-d)

Daraus ergibt sich Kallikles' überlegener Rat an Sokrates, die Philosophie sein zu lassen und sich dem Höheren zuzuwenden, denn Philosophie sei »etwas Liebenswürdiges, wenn man sich in jungen Jahren mit Maß damit abgibt; verweilt man aber länger als nötig bei ihr, dann wird sie zur Verderberin der Menschen. Denn ist jemand auch noch so begabt: Wenn er über die Zeit hinaus zu philosophieren fortfährt, dann muss er notwendig in all dem unerfahren bleiben, was ein Mann kennen muss, der edel und gut und geachtet sein will.« (Platon, Gorgias, 484c) Politiker, die an den Unterhaltungen und Diskussionen der Philosophen teilnehmen, machen sich lächerlich. Philosophie mag der Allgemeinbildung dienen. »Wenn aber jemand in späterem Alter noch philosophiert, dann, Sokrates, wirkt das lächerlich, und bei den Leuten, die philosophieren, habe ich ein ganz ähnliches Gefühl wie bei denen, die kindlich stammeln.« (Platon, Gorgias, 485b) Beim Kind mag man das nett und natürlich finden, bei Erwachsenen nur noch peinlich. So folgt sein Rat: »Nein, mein Guter, folge mir, höre auf mit deinen Beweisreden, übe dich im Wohlklang schöner Taten und in dem, wodurch du klug erscheinen kannst; überlasse den anderen dieses scharfsinnige Geschwätz« (Platon, Gorgias, 486c).

Wer ist dieser Kallikles, der einen derartigen Frontalangriff auf den Philosophen startet und der, distanzierter als fast alle anderen Dialogpartner von Sokrates, in der Lage ist, dessen raffinierte Argumentationsstrategien jederzeit zu durchschauen, in klaren Worten zu analysieren und in Frage zu stellen? Anders als Thrasymachos in der *Politeia*, der wütend und mit hochrotem Kopf sich in die Diskussion einschaltet, behält er die ganze Zeit des Gesprächs über seine Contenance und Überlegenheit. An den Stellen, an denen er offenkundige Widerlegungen hinnehmen muss, erklärt er dies einfach für bloße Wortklauberei und Albernheiten. In seiner Wirklichkeit kommt es allein auf das Handeln selbst an. Seine provozierende Maxime ist: »Luxus, Ungebundenheit und Freiheit, darin bestehen, wenn jemand die Fähigkeit hat, sich zu helfen, Tugend und Glück; das andere aber ist äußerer Putz, widernatürliche, von den Menschen aufgestellt Abmachung und nutzloses Geschwätz.« (Platon, Gorgias, 492c). Einige Altphilologen halten ihn umstandslos für eine historische Person, für die es aber außer Platons Dialog keinen weiteren Beleg gibt. Andere nehmen an, es handele sich um eine Fiktion, eine Typisierung von Grundhaltungen des antidemokratisch gesinnten Athener Adels.[23]

Ob es ihn gegeben hat oder nicht: jedenfalls spricht er aus dem sicheren Gefühl der Macht. Wie es dem Gastgeber zukommt, schaltet er sich erst spät ins Gespräch ein, ist dann aber durchaus imstande, Sokrates Rede und Antwort zu stehen, und er ist resistent gegen den vorherrschenden Meinungsdruck, sich selbst immer als gut und gerecht darstellen zu müssen. Von allen Diskurspartnern, die sich mit Sokrates in eine Konfrontation verwickeln, ist er die stärkste Figur, weil er in der Lage ist, schonungslos die Grenzen des sokratischen Diskurses aufzuzeigen.

Sokrates versucht ihn auszuspielen. Kallikles vertrete also das Recht des Stärkeren, der nicht nur der Kräftigere, sondern zugleich auch der Bessere sei. Wenn die Menge nun aber der Meinung ist, alle sollen gleich viel besitzen, und sie schon zahlenmäßig stärker ist als der einzelne, dann ist ihre Position auch die Bessere. Im Gegenzug macht Kallikles klar, dass er nur den falschen Ausdruck benutzt habe, und dass das Recht des Stärkeren und Besseren keineswegs einem Haufen von Sklaven zukomme, die sich zusammengetan hätten, sondern allein den Edlen.

Auf Worte komme es aber nicht an. Als Sokrates immer weiter und auf insistierende Weise nachfragt, erklärt er: »Mich kümmert im Grunde auch gar nicht, was du sagst, und ich habe dir überhaupt nur dem Gorgias zuliebe Antwort gegeben.« (Platon, Gorgias, 505c). Meist wird diese Stelle so gedeutet, dass Kallikles aufgibt. Es handelt sich aber eher um etwas anderes, nämlich um die Möglichkeit des Diskursabbruchs. Als derjenige, der in der Diskussion Unrecht behält, ist er keineswegs genötigt, auch die Gegenposition zu übernehmen. Er bleibt bei seiner Meinung und gibt deutlich zu verstehen, dass ihn das weitere Gespräch nicht wirklich interessiert. Kallikles beklagt sich über die Gewalttätigkeit der sokratischen Beweisführung und bittet ihn, lieber mit jemandem anderen weiterzudiskutieren. Als Sokrates aber darauf besteht, die Erörterung nicht unvollendet zu lassen, schlägt Kallikles ihm vor, sie im Monolog weiterzuführen oder indem er sich die Antworten selber gibt. Und in der Tat wird die weitere Argumentation des Sokrates zu einem grandiosen Monolog, in dem Kallikles gelegentlich einige Einzelheiten bestätigt, zu dem er aber an den entscheidenden Stellen und vor allem in der langen Schlusspassage schweigt. Die kunstvolle platonische Dialogregie zeigt hier sehr genau auf, dass Sokrates, so recht er in der Immanenz seines Denkens haben mag, doch den Diskurspartner hier nicht zu überzeugen vermag, weil er ihn gar nicht erreicht, weil es diesem jederzeit möglich ist, aus dem Diskurs auszusteigen, ja sogar, aus formellen und äußeren Gründen weiter zu antworten, aber innerlich nicht mehr zu folgen. Sokrates behält am Ende Recht, aber eben nur in einem rhetorisch glänzenden Vortrag. Die anderen verfallen unüberzeugt in Schweigen, weil sein Rechthaben doch nur in der künstlichen Redesituation einer philosophischen Unterhaltung stattfindet, auf die es aber für die tatsächliche politische Entscheidung nicht wirklich ankommt. Ironisch hebt die Dialogführung den scheinbaren Sieg des Sokrates auf und lässt ihn seinerseits als bloße Rhetorik erscheinen. Mit der Möglichkeit der Ironie muss man in den platonischen Dialogen jederzeit rechnen. Es war wohl Kierkegaard, der am deutlichsten darauf aufmerksam gemacht hat, dass sie keineswegs nur in einzelnen Bemerkungen aufzusuchen ist, sondern die ganze Anlage eines Gesprächs bestimmen kann.[24]

Ob Kallikles sein Wort von der »Gewalttätigkeit« der sokratischen Argumentation ironisch gemeint hat oder ernst, ist schwer zu entscheiden. Es spricht aber viel dafür, dass in einer so auf Wettstreit und Sieg angelegten Gesellschaft wie der des damaligen Griechenland, als die Homer-Rezitation eine sportlich betriebene Disziplin war, auch Sieg und Niederlage in einer Debatte im äußeren Sinne ernst genommen wurden. Sokrates selbst betonte immer wieder, dass es ihm lediglich um die Wahrheitsfindung gehe, und dass er sich gern widerlegen lassen würde, wenn er etwas Falsches gesagt habe, weil es für den Menschen kein so schlimmes Übel gibt als falsche Meinungen über die Grundfragen des politischen Lebens.

Die Lehre, die Sokrates nun mehr monologisierend als im Dialog vorträgt, ist eigentümlich unpolitisch. Die Ungerechtigkeit, so lehrt er, ist für den, der sie begeht, ein größeres Übel aus für den, der sie erleidet – oder kürzer: *Unrecht tun ist schlimmer als Unrecht leiden.* Sein Maßstab für die Leistung des Politikers ist die Frage, ob es ihm gelungen sei, im Laufe seiner öffentlichen Tätigkeit die Menschen zu möglichst guten Bürgern, sie aus schlechteren zu besseren Menschen zu machen. An Hand dieses etwas extravaganten Maßstabs geht er die bedeutendsten Politiker der neueren Athener Geschichte durch. Themistokles, der Sieger von Salamis, sei trotz seiner großen Verdienste gänzlich des Landes verwiesen worden. Perikles, der angeblich bedeutendste aller Athener, sei am Ende seines

Lebens wegen Unterschlagung schuldig gesprochen und sogar beinahe zum Tode verurteilt worden. Auch wenn die Wohlmeinenden ihn für unschuldig halten: Die Tatsache allein, dass seine Mitbürger so falsch über ihn urteilten, zeigt doch, dass er sie nicht hat bessern können. Kimon, auch ein bedeutender Stratege, wurde für zehn Jahre in die Verbannung geschickt. Sokrates meint, dass einem wirklich guten Politiker so etwas nicht würde passieren können.

Von sich selbst jedoch behauptet er, er sei »einer der wenigen Athener – um nicht zu sagen der einzige, der sich um die wahre Staatskunst bemüht, und der einzige unter meinen Zeitgenossen, der für das Staatswohl tätig ist.« (Platon, Gorgias, 521d) Denn er empfiehlt, gerade den herrlichen Dingen nicht nachzujagen, die Kallikles anpreist, dem Luxus, der Macht und dem Angenehmen, sondern vielmehr das möglichst Gute zu tun. Die Vergnügen nämlich gelten nichts und sind ungesund. Gesund sind allein die Diätkuren und bitteren Medizinen der Kritik am Lebenswandel der Athener und am Missbrauch ihrer Demokratie. Die Mächtigen sind für Sokrates besonders lasterhafte Menschen. Wenn man die Macht zum Unrechttun hat, dann bedarf es besonderer Tugend, sein Leben trotzdem gerecht zu verbringen. Diese Tugend haben nur wenige. »Die meisten Machthaber, mein Lieber, sind schlecht.« (Platon, Gorgias, 526b) Die Macht an sich steht für Sokrates unter dem Verdacht, böse zu sein. Wir wissen, dass Platon, der diese Dialoge aufschrieb, kein Demokrat war, dass er, nach seiner sozialen Herkunft aus dem Athener Adel und nach dem Todesurteil gegen seinen Lehrer Sokrates auch keinen Grund hatte, die Demokratie besonders zu schätzen. In diesem Dialog aber, und in allen frühen Veröffentlichungen, die sozusagen noch den authentischen Sokrates sprechen lassen und nicht die spätere platonische Kunstfigur, erweist Sokrates selbst sich bei aller Kritik als Basisdemokrat. Seine Kritik der Tyrannen und absoluten

Machthaber ist kompromisslos und kommt von unten. Schlechte Menschen aus den unteren Ständen müssen niemals wirklich als unheilbar gefährlich gelten, weil sie gar nicht die Macht haben, das Allerschlimmste zu tun. Dagegen setzt er seine These: »Gerade unter den Mächtigen finden sich die besonders lasterhaften Menschen«. Seine Lehre kennt wie die gesamte antike politische Philosophie die sozialen Grundlagen der Macht sehr genau. In den Händen der Oberschicht ist sie besonders gefährlich. Aber auch der Menge, der demokratischen Mehrheit, redet er nicht nach dem Mund. »Die Ehren, die bei der Menge gelten, lasse ich fahren und bemühe mich, indem ich nach der Wahrheit forsche, wirklich so gut als möglich zu sein, im Leben und, wenn ich dereinst sterben muss, auch im Tode.« (Platon, Gorgias, 526d)

Tugend und Korruption, moralische Besserung oder sittlicher Verfall sind die tragenden Kategorien. Politik wird von der Person her betrachtet. Die politische Theorie ist nicht strukturell und analytisch angelegt, sondern personalistisch. Ein institutionelles Politikverständnis ist dem sokratisch-platonischen Denken fremd. Da heute Politik institutionell verstanden zu werden pflegt, klafft ein entscheidender Bruch zwischen Platon und den gegenwärtigen Rezeptionsvorgaben. Der Bruch ist so groß, dass viele Platon-Interpretationen selbst noch in den 1960er und 1970er Jahren von modernen Leserinnen und Lesern als hoffnungslos und geradezu auf peinliche Art moralisierend empfunden werden. Die Platon-Lektüre wurde als Einladung zur Dauererektion des tugendhaften Zeigefingers verstanden. Besonders in den belehrenden Berufen spielte dies eine so große Rolle, dass die griechische Sprache und antike Bildung auch deshalb an den Schulen ihr Ansehen und ihre Bedeutung verloren haben.

Doch schon die schottische Aufklärung und vor allem die amerikanischen Verfassungsväter des 18. Jahrhunderts haben den Gedanken systematisch zur Grundlage genommen, dass wohldurchdachte Institutionen in der Lage sein müssen, den unvermeidlichen individuellen Ehrgeiz so zu kanalisieren, dass er dem Gemeinwohl nutzbar wird statt es zu gefährden. Sokrates stellte die Politik des Individuums, das sich auf den direkten Zugang zur Wahrheit berief, unmittelbar gegen die gemeinsame Politik und Gesellschaft, deren Schwächen schonungslos aufgedeckt wurden. Das urbane Athen jener Jahre, in denen es nach den beiden Siegen über Persien eine Weltmacht geworden war und nun einen Machtkampf mit Sparta austrug, hat erstmals, jedenfalls so weit die schriftlichen Dokumente reichen, auf breiter Basis die eigenständige Aktion des Individuums gegen die traditionale Gemeinschaft politisch denkbar und zur Grundlage der politischen Theoriebildung gemacht. In diesem Punkt sind Kallikles, der Individualist der Macht und des Luxus, also der Selbstverwirklichung, und Sokrates, der Individualist der Moralität, gar nicht so weit voneinander entfernt. Die Gemeinschaft gilt nichts, der einzelne alles. Lediglich die moralische Substanz dieser Individualisierung differeriert. Die Grenze dieses Ansatzes liegt auf der Hand: Der hemmungslose Individualismus musste sich, sobald die eigene Gemeinschaft ihn enttäuschte und zurückwies, in den Dienst des Gegners stellen. So geschehen in den Fällen des Themistokles und Alkibiades, die beide zum persischen Hof übergingen, und im Falle des Atheners Xenophon, der seine politische Heimat in Sparta fand. Der moralisch gebundene Individualismus konnte diese Bindung nur durch das eigene Beispiel und die permanente Moralpredigt durchhalten und war schon wegen der relativ geringen Motivationskraft von Predigten grundsätzlich zur Minderheitenposition verurteilt. Predigten wirken nur dort, wo sie an vorhandenes Gruppenbewusstsein appellieren können. Predigten des moralischen Individualismus dagegen stehen von vornherein in der Gefahr der Wirkungslosigkeit oder aber, wenn sie in die Hände der Moralisten geraten, der Heuchelei.

5. Ist Politik lehrbar? (Menon)

»Menon: Aber das ist doch ziemlich naiv, Sokrates.«
(Platon, *Menon*, 75c)

Platon hat im Jahre 385 v. Chr. in Athen die Akademie gegründet – eine der wirksamsten und haltbarsten Gründungen der Philosophiegeschichte überhaupt, denn diese Institution hat bis zu ihrer Aufhebung durch den Kaiser Justinian 529 n. Chr., soweit wir wissen, ohne nachhaltige Unterbrechung bestanden. Die Gründung dieser Institution wird gerne als Reaktion auf das Scheitern von Platons erster Reise als Politikberater nach Syrakus, als Rückzug aus der politischen Wirksamkeit in den geschützten Raum einer philosophischen Sonderwelt gedeutet. Der Dialog *Menon* gilt als die Programm- und Werbeschrift dieser Akademie. Die Grundfrage lautet: »Ist Politik lehrbar?« Nach der Analyse der sokratischen Personalisierung des Politischen im vorangegangenen Kapitel wird es allerdings nicht überraschen, dass sie in einer etwas anderen Form auftritt, nämlich als die Frage: »Ist Tugend lehrbar?« Das griechische Wort an dieser Stelle ist *Areté* (ἀρετὴ). Es handelt sich um die Substantivbildung zu dem Adjektiv *agathos* (ἀγαθός, gut). Es gehört zu den wichtigsten wertenden Begriffen im Griechischen und weicht in seiner Wortbedeutung vom späteren Tugendverständnis deutlich ab. Im antiken Griechenland meint es mehr eine Tüchtigkeit im funktionalen Sinn. Es konnte durchaus die Rede von einem tugendhaften Pferd sein. Wir könnten heute von einem tüchtigen Auto sprechen, wenn wir den Begriff in ähnlicher Weise verwenden wollten. Es kann aber auch die Tugendhaftigkeit im moralischen Sinne gemeint sein. Genau auf diese eingeschränkte Verwendung läuft ja die Beweisführung des Sokrates im *Menon* hinaus. Die Übersetzer haben sich mit dieser Doppeldeutigkeit des Begriffs immer schwer getan. Schleichermacher verwendet den Begriff »Tugend«. Eine moderne Übersetzerin wie Margarita Kranz[25] benutzt die verfremdende Fassung »Gutsein«, an die man sich bei der Lektüre jedoch durchaus gewöhnen kann. In dieser Form ist beides enthalten, nämlich der technisch erfolgsbezogene Aspekt der Tauglichkeit und der moralische der Tugendhaftigkeit. Was fehlt, ist allerdings ein wichtiger dritter Aspekt, nämlich die sprachliche Geläufigkeit eines gängigen Begriffs, der im sokratischen Gespräch zergliedert und analysiert wird, und ohne den man die ganze Mühe, die die Gesprächspartner sich geben, nicht recht versteht, denn warum sollte man sich so ausführlich mit einem bloßen Kunstwort befassen? Aus diesem Grunde habe ich mich entschlossen, den Begriff der Tugend durchaus weiter zu verwenden, wenn auch ständig im Bewusstsein der differenten Bedeutung.

Entscheidend im *Menon* ist nun, wie der Ablauf des Dialogs deutlich macht, dass Tugend zwar als Tugend des Individuums verstanden, aber im politischen Kontext diskutiert wird. Es ist deshalb ein interessantes Gedankenexperiment, wenn der Leser in der das Gespräch eröffnenden Frage des Menon das Wort »Tugend« durch das Wort »Politik« ersetzt und prüft, ob dies im weiteren Verlauf des Gesprächs durchhaltbar ist. Menons Frage lautet so: »Kannst du mir wohl sagen, Sokrates, ob die Tugend gelehrt werden kann? Oder ob nicht gelehrt, sondern geübt? Oder ob weder geübt noch angelernt, sondern von Natur sie den Menschen einwohnt oder auf irgendeine andere Art?«

(Platon, Menon, 70a) Die Form der Frage schon ist akademisch, denn sie umreißt das gesamte Feld dessen, was zu untersuchen ist und weckt weitgehende Erwartungen, die durch die beeindruckende Systematik der nachfolgenden Untersuchungen auch eingelöst werden.

Menon, der diese Frage stellt, ist eine historische Person. Der Dialog spielt im Jahre 402 v. Chr., auch wenn Platon ihn erst etwa zwanzig Jahre später verfasst hat. Menon war zu diesem Zeitpunkt etwa 18 bis 20 Jahre alt. Er stammte aus thessalischem Adel. In diesem Kreisen, die zunächst durch ihre Reitkunst und ihren Reichtum berühmt geworden waren, hatte Gorgias die Begeisterung für die sophistische Aufklärung geweckt. Auch hier wird die Auseinandersetzung mit ihm auf indirekte Weise, nämlich durch die Kritik an seiner Wirkung, fortgesetzt. Sokrates ironisiert die Thessalier, denen Gorgias angewöhnt hat, »dass ihr ohne Scheu und mit edler Zuversicht antwortet, wenn euch jemand etwas fragt, wie auch zu erwarten ist von denen, welche wissen. Denn auch er selbst bot sich ja dar jedem Hellenen, was nur jeder wollte ihn zu fragen, und nie ließ er einen ohne Antwort.« (Platon, Menon, 70b)

In Athen aber stünde es ganz entgegengesetzt, niemand wisse mehr recht, was die Tugend sei, ob sie lehrbar sei oder nicht, und er, Sokrates, habe auch noch nie jemanden getroffen, der es wusste. Auf die Frage, ob Gorgias sein Wissen nicht auch in Athen gelehrt habe, beruft er sich auf sein schwaches Gedächtnis – jedenfalls im Moment könne er sich nicht mehr erinnern, was damals gesagt worden sei. So provoziert er einen aus der Gorgias-Schule stammenden Definitionsversuch Menons.

»Das ist ja gar nicht schwer zu sagen. Zuerst erkläre ich, wenn du willst, die Tugend des Mannes. Es ist einfach so, dass die Tugend des Mannes in der Fähigkeit besteht, politisch tätig zu sein und damit Freunden Gutes, Feinden Schlechtes zu tun und aufzupassen, dass einem selbst nichts Schlechtes passiert. Die Tugend der Frau ist auch leicht genannt: Sie muss den Haushalt gut versorgen, alles im Haus im Stande halten und dem Manne gehorchen. Wieder eine andere Tugend ist die des Kindes, des Jungen und auch des Mädchens, die des älteren Mannes, je nachdem, ob er nun Sklave oder freier Bürger ist. Und so gibt es unzählige andere Arten von Tugend, so dass man wirklich nicht in Verlegenheit ist, über Tugend zu reden und zu sagen, was sie ist: denn für jedes Tun und für jedes Alter gibt es je nach der Aufgabe für jeden von uns die entsprechende Tugend und genauso, glaube ich, auch die Schlechtigkeit (*kakía*, κακία).« (Platon, Menon, 71e)

Mit dieser Antwort nun ist Sokrates unzufrieden. Die Gesundheit der Frau und des Mannes, sogar deren Größe oder Stärke würden doch nach denselben Kriterien gemessen. Wieso macht man bei der Tugend Unterschiede? Alle Menschen sind auf die gleiche Art gut oder schlecht. Dieser frühe Hinweis, dass für Männer und Frauen gleiche Maßstäbe zu gelten haben, ist im antiken Denken ungewöhnlich. Es handelt sich aber um keine isolierte Stelle in Platons Werk, denn in der *Politeia* werden wir sehen, dass er ebenfalls für die Gleichberechtigung von Männern und Frauen in einer entscheidenden Funktion, nämlich im Wächterstand, eintritt. Die griechische Gesellschaft der Antike muss als ungewöhnlich männerzentriert und patriarchalisch gelten. Um so wichtiger der Hinweis, dass dies für die berühmtesten Philosophen jener Jahre keineswegs als selbstverständlich, sondern als leicht zu widerlegendes Vorurteil galt.

Sokrates fragt deshalb noch einmal nach, worin denn die für alle gleiche *Areté* bestehen könnte. Menon gerät in Probleme und bekommt dies in der modischen Übersetzung von Margarita Kranz »irgendwie nicht so in den Griff«. Die platonisch-sokratische Frage verlangt die radikale Abstraktion. Der Begriff des Gutseins, der Begriff der Tugend soll nicht durch Aufzählung geklärt werden, sondern sich auf irgendeine zugrundeliegende Einheit zurückführen lassen. Sprachanalyse ist das Ziel, nicht die empirische Vielheit.

Menon versucht deshalb eine zweite Definition: »Ich meine dann, Gutsein ist, wie der Dichter sagt, ›sich an dem Schönen zu freuen und dessen mächtig zu sein‹, und auch ich sage, Gutsein ist, wenn man Schönes will, es sich verschaffen zu können.« (Platon, Menon, 77a) Das Wort »schön« (καλός, *kalos*), wie er es hier verwendet, hat nicht wie in unserer heutigen Sprache allein eine ästhetische Bedeutung, sondern meint das, was auch für andere gut ist, während das Wort »gut« (αγαθός, *agathos*) immer auf die Nebenbedeutung des individuellen Nutzens für einen selbst verweist. Menon meint also, dass das Gute und Schöne und damit der individuelle Nutzen und das Gemeinwohl zusammenfallen sollen. Erwartungsgemäß greift Sokrates diese Diskrepanz auf. Sein Argument lautet: Jeder hält das, was er will, für gut, sonst würde er nicht danach streben. Insofern kann es niemanden geben, der Schlechtes will, denn Schlechtes schadet dem, der es bekommt. Also wollen alle sich das Gute verschaffen, und keiner ist darin dem Wollen nach besser als der andere. Der Unterschied liegt allein im realen Können, das Gewollte dann auch zu erreichen. Wenn das Gutsein aber im Können liegt, dann ist es die Verfügung über Gold und Silber nach der Art des persischen Großkönigs.

Sokrates insistiert deshalb darauf, dass die *Areté* verlangt, sich das Gute auch mit gerechten Mitteln zu verschaffen. Zur Tugend gehört die Gerechtigkeit notwendigerweise hinzu. Was aber dann die Tugend sein soll, ist auf diese Weise immer noch nicht geklärt. Menon beginnt zu rebellieren: Sokrates betäube seine Gesprächspartner mit Zaubersprüchen, verabreiche ihnen Heilkräuter und setze sie dadurch außer Gefecht. Wenn er das als Fremder in einer anderen Stadt als Athen machen würde, dann würde er wohl bald als Hexer verhaftet. Sokrates beharrt jedoch auf seiner Position, er selbst wisse nicht, was die *Areté* sei, und wenn Menon dies vielleicht anfangs gewusst habe, sei ihm dieses Wissen durch das Gespräch verlorengegangen.

Das Gespräch nimmt durch diese Intervention eine Wendung in die pythagoreische und orphische Mystik, die für das Denken in der platonischen Akademie von außerordentlicher Bedeutsamkeit gewesen sind, auch wenn die frühere Forschung sich meist nur auf den Aspekt der Rationalität konzentriert hat. Sokrates kommt auf jene Priester und Priesterinnen zu sprechen, die das Suchen und Lernen als Wiedererinnerung an etwas ansehen, was die Seele in einem früheren Leben schon erlebt hat. Man soll deshalb in solchen aporetischen Gesprächssituationen niemals aufgeben, sondern in der sicheren Hoffnung, dass das Wissen irgendwann einmal dagewesen ist, weitermachen. Es geht also um die Wiedererinnerung. Als Menon nach einem Beweis für diese gewagte These fragt, bittet Sokrates ihn, einen seiner vielen Sklaven herbeizurufen. Ihm stellt er einige geometrische Fragen, die jener durch die geschickte Frageführung richtig beantworten kann. Gelernt haben kann der Sklave, der in Menons Elternhaus aufgewachsen war und keine Schulbildung bekommen hatte, dies von niemandem. Er muss das nötige Wissen also aus einem früheren Leben mitgebracht haben – der sokratische Beweis für die Unsterblichkeit der Seele.

Dieses Beispiel zeigt neben den mystischen Elementen noch ein weiteres Charakteristikum des platonischen Denkens aus der Akademie-Zeit: Ziel ist das Wissen (ἐπιστήμη, *episteme*), und dieses muss lehrbar sein. Die Leute sind nicht von Natur aus gut, sondern können es durch Belehrung werden. Hier allerdings zögert Sokrates: Gibt es eigentlich Lehrer für die Tugenden? Er selbst hat trotz allen Bemühens nirgendwo einen finden können. Er richtet die Frage deshalb an Anytos, der sich neben die beiden gesetzt hat. Er geht mit ihm die üblichen Beispiele der sokratischen Gespräche durch: Um Arzt zu werden, würde man dies von Ärzten lernen wollen, das Flötespielen von den Flötespielern. Die Befähigung aber, klug und gut in den öffentlichen und privaten Angelenheiten zu werden, lehrt niemand, außer den sogenannten Sophisten, die sich dafür bezahlen lassen. Anytos antwortet darauf: »Still, Sokrates. Möge keiner meiner nächsten Freunde und Bekannten, aus der Stadt oder von auswärts, so verrückt sein, zu diesen Leuten zu gehen, nur um dann verdorben zu werden, denn sie sind doch ganz offentlichtlich Schande und Verderb für die, die in ihrer Gesellschaft sind.« (Platon, Menon, 91c)

Sokrates hält dem entgegen, dass die Dienstleistungen, die die Sophisten anbieten, so schlecht nicht sein können, denn sie werden dafür hoch bezahlt. Protagoras habe sein Geschäft vierzig Jahre lang betrieben und sei hochangesehen gestorben. Hätte er seine Schüler betrogen oder geschädigt, dann hätte er sich nicht so lange und so erfolgreich in seinem Gewerbe behaupten können. Anytos setzt dem kein Argument, sondern lediglich eine Bestätigung seines negativen Urteils entgegen. Wer die Tugend und das richtige politische Handeln erlernen will, kann bei jedem beliebigen rechtschaffenen Athener in die Lehre gehen und bedarf dazu keines Sophisten. Auch hier setzt Sokrates nach: Es mag durchaus fähige Politiker in Athen gegeben haben oder noch geben. Wenn politische Tugend aber lehrbar wäre, dann hätten sie doch gewiss ihre herausragenden Fähigkeiten an ihre Söhne weitergegeben, weil gute Väter doch am ehesten um die Förderung ihres eigenen Nachwuchses bemüht sein müssten. Er geht nun der Reihe nach die prominentesten Beispiele durch. Themistokles habe auf die Erziehung seines Sohnes besonderen Wert gelegt und ihm zwar hervorragendes Reiten beibringen lassen, aus ihm sei aber nichts geworden. Ähnlich bei den beiden

Söhnen, die Perikles großzog, die auch gute Reiter und Musiker wurden und sich in allen Dingen, die eine Sache der Technik waren, mit jedem Athener messen konnten. Aber gute Männer sind sie nicht geworden. Sokrates häuft hier Beispiel auf Beispiel. Anytos hat dem kein Argument, wohl aber eine Drohung entgegenzusetzen: »Ich finde, Schlechtes über andere Leute geht dir recht leicht über die Zunge. Ich würde dir raten, dich in acht zu nehmen, wenn du überhaupt auf mich hören willst. Vielleicht ist es auch in anderen Staaten leichter, Menschen Schlechtes anzutun als Gutes, in unserem ist es ganz sicher so. Ich glaube, dass du das auch weißt.« (Platon, Menon, 94e)

Anytos, der hier spricht, war einer der drei späteren Ankläger des Sokrates. Wohl nachträglich konstruiert Platon hier eine Szene, in der die beiden aneinandergeraten sein könnten. Sokrates erkennt sofort im Anschluss an diesen Wortwechsel, dass Anytos sich vor allem deshalb durch die Kritik an den wichtigen Politikern getroffen fühlen könnte, weil er selbst sich zu dieser Gruppe zählt.

Hätten die führenden Politiker wahres Wissen vom richtigen Handeln, müssten sie dies, wie alles Wissen, auch vermitteln können. Politik wird aber möglicherweise nicht allein wissensbasiert, sondern vor allem aufgrund von zwar nicht schlüssig begründeten, aber zufällig richtigen Meinungen betrieben. Der daraus resultierende Erfolg ist nicht systematisch erlernbar, sondern eine Sache des Glücks und der zufälligen Konstellation. Niccolò Machiavelli wird diesen Aspekt später *fortuna* nennen. Wahre Meinungen sind flüchtig und unzuverlässig wie das Glück. Politiker betreiben die Staatsgeschäfte erfolgreich nicht aufgrund von richtigem Wissen, sondern von richtigen Meinungen: nicht durch *episteme*, sondern durch *eudoxia* (εὐδοξία). Anders als Machiavelli kann Sokrates dies nur mit äußersten Sarkasmus bewerten: »Von den Politikern würden wir genauso [wie von den Orakelnden, den Wahrsagern und den Dichtern] berechtigt sagen, dass sie göttlich sind, begeistert, beflügelt und von der Gottheit besessen, wenn sie mit ihrem vielen wichtigen Reden Erfolg haben, obwohl sie gar nicht wissen, was sie sagen.« (Platon, Menon, 99d) Über diese Auskunft und gewiss auch diesen wenig weihevollen Ton ärgert Anytos sich erst recht, was Sokrates aber überhaupt nicht stört: »Mit ihm unterhalten wir uns später.« (Platon, Menon, 99e) Diese Unterhaltung wird, wie wir wissen, und wie Platon auch schon wusste, als er den *Menon* schrieb, vor Gericht stattfinden und für Sokrates eine Diskussion auf Leben und Tod sein.

Der Dialog endet, wie die meisten Dialoge aus dieser Zeit, mit einer offenen Frage. Die *Areté* fällt durch göttliche Fügung demjenigen zu, dem sie zufällt. Worin sie aber genau besteht, bleibt offen und muss erst noch untersucht werden. Für Sokrates jedoch ist es Zeit zu gehen. Dieser Schluss klingt auf den ersten Blick ganz alltäglich, er enthält jedoch ebenso eine Anspielung auf die Schlussworte von Sokrates nach seiner Verurteilung: »Doch jetzt ist es Zeit fortzugehen: Für mich, um zu sterben, für euch, um zu leben.« (Platon, Apologie, 42a)

Was Sokrates und Anytos später taten, wissen wir also. Was aber wurde aus Menon, dem jungen und für die Belehrung offenen Gesprächspartner? Er gehörte zu den fünf griechischen Strategen jenes Söldnerheeres im Jahre 401, das den persischen Großkönig zu stürzen versucht hatte und die nach dem Scheitern des Unternehmens von den Persern zu Friedensgesprächen eingeladen worden waren, dabei jedoch gefangengenommen und getötet wurden, so dass das Heer ohne Anführer zurückblieb. Es organisierte sich dann in Eigeninitiative und schlug sich bis Byzanz durch. Xenophon, der dieses aufsehenerregende Abenteuer in seiner *Anabasis* geschildert hat, hat dort einen ausgesprochen kritischen Nachruf auf Menon verfasst, der zitiert zu werden verdient, weil er ein interessantes Licht wirft auf Haltungen und Lebensweise einiger herausragender Gestalten des damaligen griechischen Adels und weil er zeigt, dass Kallikles, jene machtversessene Gestalt aus dem *Gorgias*, kein Sonderfall war:

»Der Thessaler Menon strebte ganz offenkundig gewaltig nach Reichtum, nach Befehlsgewalt, um noch mehr zu erraffen, nach Ehre und Ansehen, um noch größeren Gewinn zu machen. Freundschaft wünschte er mit den Mächtigsten, damit er nicht für ungerechtes Tun Rechenschaft geben müsse. Zur Befriedigung seiner Wünsche hielt er für den kürzesten Weg den Meineid, Lüge und Betrug; Geradlinigkeit und Wahrheit hielt er für Einfalt. Nie zeigte er sich als jemandes Freund; wessen Freund zu sein er vorgab, den hinterging er, wie es sich immer wieder erwies. Über keinen Feind spottete er, mit seinen Gefährten unterhielt er sich aber immer, als spottete er ihrer. Nach dem Besitz der Feinde verlangte er nicht, denn er hielt es für schwierig, das Gut der Wachsamen zu rauben. Den Besitz der Freunde aber glaubte er allein, spielend leicht sich aneignen zu können, da er ja unbewacht war. Alle, die er als meineidig und ungerecht erkannte, fürchtete er wie Wohlbewaffnete; die Ehrlichen und Aufrichtigen suchte er wie Schwächlinge für sich auszunutzen. Wie ein anderer stolz ist auf seine Gottesfurcht, Wahrheitsliebe und Gerechtigkeit, brüstete sich Menon mit seiner Fähigkeit zu betrügen, Lügen zu erfinden, die Freunde zu verspotten. Wer nicht zu allem bereit war, den zählte er immer zu den Ungebildeten. Wollte er bei Leuten die Hauptrolle in ihrem Freundeskreis spielen, so glaubte er das durch Verleumdung ihrer besten Freunde erreichen zu müssen. Des Gehorsams der Soldaten versuchte er sich dadurch zu versichern, dass er an ihren Schandtaten teilnahm. Ehrfurcht und Ergebenheit forderte er mit dem Hinweis, er könne ihnen, wenn er wolle, sehr viel schaden. Eine edle Tat nannte er es, wenn sich einer von ihm trennte, wenn jener ihn nicht während des Verkehrs mit ihm zugrunde gerichtet habe. [...] Als seine Mitstrategen hingerichtet worden waren, weil sie gemeinsam mit Kyros gegen den Großkönig gezogen waren, geschah ihm nichts dergleichen, obwohl er dasselbe getan hatte. Nach der Hinrichtung der anderen Strategen wurde er vom Großkönig zur Rechenschaft gezogen und starb, nicht wie Klearchos und die anderen Strategen durch Enthauptung, was doch der schnellste Tod zu sein scheint; sondern nachdem er verstümmelt worden war, lebte er noch ein Jahr und soll wie ein Verbrecher sein Ende gefunden haben.« (Xenophon, Anabasis II, 6, 21-29)

6. Philosophie und Tyrannis: Platon in Sizilien. Die ungeschriebene Lehre

»Was nun die folgenden Ereignisse betrifft,
so muss ich natürlich die Wahrheit sagen und es auch ertragen,
wenn dann einer, nachdem er die Tatsachen
vernommen hat, meine Philosophie gering achten
und andererseits im Tyrannen den klugen Mann sehen wird.«
(Platon, *Siebenter Brief*, 339a)

»Zurück aus Syrakus?« soll ihn ein Altphilologe gefragt haben, nachdem Martin Heidegger am 23. April 1934 von seinem nationalsozialistischen Freiburger Rektorat zurückgetreten war.[26] Auch Platon hatte sich mit der Tyrannis eingelassen, sogar mit dem berühmtesten Tyrannen seiner Zeit, Dionysios, dem Herrscher von Syrakus. Archon von Syrakus wurde er genannt und nannte er sich wohl auch selbst. Archon konnte Herrscher heißen, konnte aber auch einen gewählten höchsten Beamter bezeichnen. Er nannte sich also keineswegs Monarch. Heute nennen wir ihn, der 38 Jahre lang (von 405-367 v. Chr.) ein Schreckensregiment im damals größten griechischen Staat führte, der weit über die Stadt Syrakus hinaus auf das damals Großgriechenland (*megále Hellás*) genannte italienische Festland reichte, der besseren historischen Unterscheidung wegen *Dionysios den Ersten.*

Die drei Reisen Platons nach Syrakus gehören zu den interessantesten Kapiteln des Verhältnisses von Philosophie und Macht überhaupt. Die Geschichte ist paradigmatisch. Die Hauptquelle, die wir besitzen, nämlich zwei Texte, die uns als der *Siebente* und der *Achte Brief* Platons überliefert sind, sind als Dokumente des Scheiterns und der Selbstrechtfertigung so interessant, dass seitdem jeder Philosoph davor hätte gewarnt sein müssen, sich mit der Tyrannis einzulassen. Diese Briefe galten in der Antike als echt, wurden im 19. Jahrhundert angezweifelt und werden inzwischen von den meisten Philologen seit Wilamowitz-Moellendorf wieder für authentisch gehalten.

Dionysios I. war nicht irgendein Tyrann, sondern einer der längstregierenden überhaupt. Es war »die stärkste und längste Tyrannis, die jemals in der Geschichte verzeichnet wurde«, wie der Historiker Diodor notierte (Diodor 13, 96,4). Er hat für alle zeitgenössischen und späteren Autoren als Modell gedient, wenn sie die Tyrannis analysierten. Das gilt für Platons *Politeia* wie auch für die Tyrannislehre in der *Politik* des Aristoteles oder Ciceros *Gespräche in Tusculum*.[27] Und natürlich für Friedrich Schiller, dessen Ballade *Die Bürgschaft* noch heute gelegentlich im Schulunterricht gelehrt wird. Dionysios, der ursprünglich als Interessenvertreter des einfachen Volkes an die Macht gekommen war, schottete sich von der Bevölkerung ab, verwandelte die Insel Ortygia in seine Privatfestung und hat von dieser aus die Stadt Syrakus und sein Reich mit Geheimpolizei und Sicherheitssystem regiert. Aristoteles zufolge hat er so hohe Steuern erhoben, dass seine Untertanen verarmten und in fünf Jahren ihr gesamtes Vermögen als Steuern zahlen mussten (Aristoteles, Politik 1313b25). Nach einer wohl eher als Karikatur gemeinten Bemerkung bei Cicero war er so vorsichtig, dass er sich nur von seinen Töchtern rasieren ließ, damit kein fremdes Messer an seine Kehle kam. (Cicero, Gespräche in Tusculum, 5, 58f.)

Platon reiste im Jahre 389 (nach anderen Quellen 388) nach Unteritalien, um Kontakt zu den dortigen pythagoreischen Philosophen aufzunehmen. Hauptsächlich besuchte er wohl Tarent und kam von dort über die Meerenge von Messina, »um die Insel und ihre Feuerschlünde zu besichtigen« (Diogenes Laertius, III,18). Er wurde an den Hof des Tyrannen eingeladen, der sich gerne mit Künstlern und Philosophen umgab. Das Hofleben gefiel dem Philosophen keineswegs. Er verband seine Kritik an der Lebensweise mit einer direkten politischen Wertung: »Es wollte mir nicht gefallen, so zu leben, dass man zweimal am Tage sich den Bauch füllt und nachts nie allein schläft und was sonst noch für Dinge dazu gehören.« Dem Kyniker Diogenes gegenüber behauptete Platon später, er habe sich bei den dortigen prunkvollen Mahlzeiten selbst meist nur an die Oliven und ähnliches gehalten (Diogenes Laertius, VI, 25). Durch Tafelfreuden und andere Genüsse abgelenkt konnte man nach Platons Ansicht nicht zu Verstand und besonnener Mäßigung kommen. Solche Staaten werden »notwendigerweise ständig in die Gewalt eines Tyrannen, einiger Familien oder des Pöbels geraten, und die dann jeweils regierenden Kreise werden es nicht ertragen, das Wort ›gerechte und demokratische Staatsform‹ auch nur zu hören.« (Platon, Siebenter Brief, 326b-d) Mit dem Tyrannen selbst hatte er wohl kaum Kontakt, fand aber bei Dion, dessen Schwager, ein offenes Ohr. Dion wurde der aufmerksamste Schüler, den Platon je hatte. Er versuchte ein Leben nach moralischen Prinzipien zu führen und erregte dadurch den Hass der Leute am Hofe. Diogenes Laertius berichtet in seiner Philosophiegeschichte, dass es zu einem Wortgefecht mit dem Tyrannen gekommen sei, als Platon ihm empfahl, statt auf den bloßen Nutzen für ihn selbst auch auf den Tugendwert seiner Handlungen zu achten. Diese Predigt konnte dem Tyrannen nicht gefallen, und er bemerkte: »Deine Worte schmecken nach Altersschwäche«. Da Platon damals etwa 40 Jahre alt war, haben viele Philologen Zweifel an der Glaubwürdigkeit dieserAnekdote. Platons

Antwort darauf soll gewesen sein »Und deine nach Tyrannenlaune«. Daraufhin wollte Dionysios ihn töten, wurde aber durch Dion milder gestimmt, so dass er Platon nach Ägina in die Sklaverei verkaufen ließ. Dort hat ihn jemand, der ihn als Philosophen erkannte, freigekauft. Die meisten Philologen zweifeln diese dramatische Erzählung heute an.

Jedenfalls kehrte Platon nach Athen zurück und gründete seine Akademie. Zwanzig Jahre später starb Dionysios I. Dion sah eine Chance, die platonischen Ideen durch eine philosophische Erziehung von dessen Nachfolger jetzt endlich zu verwirklichen und schrieb an Platon, um diesen als Fürstenerzieher für den Nachfolger Dionysios II. einzuladen. Dions Einladung, die Platon in zusammengefasster Weise mitteilt, war in der Tat so eindringlich, dass er es als Pflicht auffassen musste zu kommen: Eine günstigere Gelegenheit werde es nie mehr geben, als in einem so großen Land, mit einem so jungen und lernwilligen Herrscher und angesichts der zentralen politischen Stellung von Dion selbst, endlich einmal dahin zu wirken, dass Philosoph und Leiter eines großen Staates ein und dieselbe Person seien. Platon kam nach vielen Überlegungen zu dem Schluss, »dass jetzt ein Fall vorliege, wo man es wagen müsse, wenn überhaupt je einer seine Ansichten über Gesetze und Verfassung in Wirklichkeit umzusetzen versuchen wolle. Denn jetzt brauchte ich nur einen einzigen Menschen hinlänglich zu überzeugen, und ich würde alles Gute erreicht haben.« (Platon, Siebenter Brief, 328c)

Er wollte sich nicht als »bloßer Theoretiker« vorkommen, gab seine Schultätigkeit vorübergehend auf, »und begab mich unter eine Tyrannis, die zu meinen Lehren und zu mir ganz und gar nicht zu passen schien.« (Platon, Siebenter Brief, 329b) Worin bestand nun Platons politisches Beratungskonzept? Er schlug vor, das Land nicht zentral von einer einzigen Stelle aus zu verwalten, was beim älteren Dionysios zu einem Regime des Misstrauens und dazu geführt hatte, dass er sich nur mit Gewalt und knapper Not auf dem Thron habe halten können. Er solle vielmehr das Land in mehrere selbstständig verwaltete Gebiete aufteilen und diese nach dem Vorbild des persischen Großkönigs Darius durch zuverlässige Mitarbeiter und ihm eng verbundene Freunde verwalten lassen. Vor allem aber sollte er eine gesetzmäßige Staatsverwaltung nach persischem Vorbild schaffen. Nur so könne er auch außenpolitisch die sizilianische Macht gegen Karthago stärken, während sein Vater den Karthagern einen Tribut habe entrichten müssen. Das jedenfalls war es, was er zusammen mit Dion dem Tyrannen in vorsichtigen Worten und Andeutungen vorschlug. Später, nachdem seine Mission gescheitert war, formulierte er seine Absichten deutlicher: »Sizilien darf man nicht unter absolute Herrscher kommen lassen, aber auch keine andere Stadt – das ist wenigstens meine Ansicht – sondern nur unter die Herrschaft der Gesetze.« (Platon, Siebenter Brief, 334c) Nur eine gesetzesmäßige, heute würden wir sagen, rechtsstaatliche Verfassung wäre nämlich in der Lage gewesen, genügend griechische Siedler auf die Insel zu locken, um die entvölkerten und verfallenden Städte wieder zu besiedeln, also die Wirtschaft wieder in Gang zu bringen und zu verhindern, dass »ganz Sizilien der hellenischen Sprache und Kultur verlustig gehe, wenn es als Beute unter irgend eine barbarische Knute und Kralle der benachbarten Karthager oder Römer verfällt.« (Platon, Achter Brief, 353e) Platon vertrat also das außenpolitische Programm einer griechischen Kolonisation.

Als er ankam, war die Stellung seines Freundes Dion schon erschüttert. Platon spricht von Intriganten und Einflüsterern, die gegen ihn agierten. Ihm wurde unterstellt, selbst nach der Tyrannis zu streben. Nach drei Monaten wurde Dion verbannt. In Syrakus gab es sogar das Gerücht, Dionysios II. habe Platon umbringen lassen. In Wirklichkeit aber lud er Platon zu einem

Gespräch ein und bat ihn zu bleiben. Der Philosoph bemerkt dazu, dass die Bitten des Tyrannen mit Drohungen durchsetzt sind. Platon steckte in einer Falle. Er wohnte in der Burg und konnte ohne Genehmigung nicht ausreisen – kein Schiff hätte ihn mitgenommen und kein Grenzer hätte ihn aus der Stadt gelassen. Nach Platons Bericht verhielt sich Dionysios ihm gegenüber außerordentlich freundlich, leistete aber gegen jegliche philosophische Unterweisung nachhaltigen Widerstand. Er scheint den Philosophen benutzt zu haben, um gegenüber der griechischen Öffentlichkeit, die die Entwicklung in Syrakus kritisch beobachtete, in dieser Anfangsphase seiner Herrschaft einen möglichst positiven Eindruck zu machen. Schließlich gelang es Platon mit großer Mühe, Dionysios zu überreden, ihn freizulassen. So lakonisch jedenfalls ist sein eigener Bericht. Nach anderen Quellen soll er versucht haben, Dion und andere zur Befreiung der Insel vom Tyrannen angestachelt zu haben.

Um so erstaunlicher war es, dass er 361, also nur wenige Jahre nach diesen Ereignissen, erneut einer dringenden Einladung nach Syrakus folgte, die diesmal von Dionysios II. selbst stammte. Wieder zögerte Platon und verlangte, dass auch der verbannte Dion zurückkehren müsse. Schließlich aber ließ er sich überreden, als ihm ein schnelles und bequemes Schiff geschickt wurde, auf dem ein Schüler des Archytas mitfuhr, der berichtete, Dionysios habe große Fortschritte in der Philosophie gemacht. Hinzu kam ein Brief des Herrschers, der ihm Hoffnung machte, dass auch Dion aus der Verbannung zurückberufen werden könnte. Falls Platon aber nicht komme, werde keine Angelegenheit Dions im positiven Sinne verlaufen. Platon hatte zwar Zweifel, wurde aber durch seine Freunde in Sizilien und Tarent und seine Umgebung in Athen bewogen, im Interesse Dions und seiner Bestrebungen doch wenigstens einmal auszuprobieren, ob Dionysios sich nicht wirklich geändert habe. »So unternahm ich also die Reise, durch diese Argumentation benebelt, dabei war ich aber voller Besorgnis« (Platon, Siebenter Brief, 340a).[28]

Platon unterzog Dionysios als erstes einer philosophischen Prüfung, um herauszufinden, ob es ihm wirklich ernst war. Man muss nämlich anfangs den ganzen Umfang und die ungeheueren Schwierigkeiten einer philosophischen Unterweisung darlegen. Der wirklich Interessierte wird dann alle Kräfte anspannen, »schwelgerische und arbeitsuntüchtige Menschen« aber werden schon sehr bald sagen, dass sie nun genug über die Sache gehört hätten und sich die weitere Mühe ersparen könnten. So reagierte Dionysios II., der übrigens später, nach seiner Absetzung sogar eine philosophische Schule in Korinth eröffnet haben und ein Buch geschrieben haben soll. Es kam nach Platons Bericht nur zu diesem einen philosophischem Gespräch zwischen ihm und Dionysios II. Danach wurde dem verbannten Dion trotz der gegenteiligen Versprechungen, die Platon gemacht worden waren, die Verfügung über sein Vermögen und dessen Zinsen entzogen. Platon fühlte sich getäuscht, erwog die Abreise und sprach darüber mit Dionysios, der ihn aber mit verschiedenen Tricks aufhielt und zum Bleiben bewog. Selbständig konnte Platon nicht abreisen, sondern er wohnte im Palastgarten, aus dem er nicht herausgelassen wurde ohne den ausdrücklichen Willen des Herrschers. Er blieb so lange, bis wegen des Winters keine Schiffe mehr fuhren. Mit Dionysios gab es immer weniger Kontakt. Als die Soldaten wegen einer Soldkürzung rebellierten, gab es den nächsten Zwischenfall. Platon setzte sich für einen Adligen ein, der beschuldigt wurde, hinter der Revolte zu stehen. Dionysios sicherte diesem freies Geleit zu, ließ ihn aber trotzdem verfolgen. Als Platon ihn deswegen zur Rede stellte, ergab sich folgende Szene: »Da blickte er mich an, und zwar, wie nur ein echter Tyrann das kann, und rief aus: ›Dir habe ich nichts versprochen, gar nichts.‹« (Platon, Siebenter Brief, 349b)

Platon wurde nach diesem Vorfall aus der Burg entfernt und wohnte außerhalb unter Söldnern. Im Palast wurde er nicht wieder vorgelassen. Verleumdungen und Drohungen gegen ihn waren im Umlauf, bis sein Freund, der Pythagoreer Archytas aus Tarent es schaffte, die Stadt dazu zu bewegen, einen Dreißigruderer zu schicken und beim Tyrannen Fürbitte für ihn einzulegen. Es ist ein Brief von Archytas an Dionysios II. überliefert, in dem er darum bittet, Platon freizulassen, der Stimme der Menschlichkeit zu folgen »und uns den Mann unverletzt wieder zuzustellen.«[29] Nach Platons eigenem Bericht erhielt er sogar das nötige Reisegeld.

Der Berater war nur einmal vorgelassen worden und wurde danach Zug um Zug aus dem Zentrum der Macht entfernt. Rückblickend hat er noch einmal resümiert, nach welchen Prinzipien eine Politikberatung eigentlich vorgehen soll. Platon hält es für verpflichtend, einer Stadt, deren Verfassung in Ordnung ist, Ratschläge zu erteilen. Wenn der Berater aber genötigt wird, nur technische Ratschläge in Einzelfragen zu geben, eine schlechte Verfassung jedoch nicht anzutasten, so sollte er sich dies nicht gefallen lassen, auch dann nicht, wenn er mit der Todesstrafe bedroht wird.

Es ist nur sinnvoll, jemandem zu raten, der auf den Rat hören zu wollen scheint. Seinen Rat aufdrängen darf man jedoch höchstens einem Sklaven. Einem politischen Gemeinwesen dagegen ist es nicht erlaubt, Gewalt zum Umsturz der Verfassung anzuwenden. Falls es nicht möglich ist, ohne Verbannung und Niedermetzelung seiner Mitmenschen die eigenen Ideen zu realisieren und die beste Verfassung umzusetzen, dann soll der Philosoph sich ruhig verhalten »und sich und die Stadt den Göttern anbefehlen.« (Platon, Siebenter Brief, 331d) Diese letzteren Überlegungen enthalten eine Kritik an Dion, der, nachdem Platon ihm auf der Rückreise in Olympia von den Ereignissen berichtet hatte, die gewaltsame Invasion Siziliens zusammen mit einigen anderen Mitgliedern der Akademie vorbereitete. Platon hatte inzwischen genug »von meinen Abenteuern und Misserfolgen in Sizilien« (Platon, Siebenter Brief, 349d), riet ihm ab und hielt sich von dem geplanten Unternehmen fern. Dion marschierte 357 mit einer angeworbenen Truppe von etwa tausend Soldaten nach Sizilien »und erteilte dem Dionysios handgreiflich seinen Rat« (Platon, Siebenter Brief, 333b). Nach heftigen Kämpfen brachte er 354 Syrakus unter seine Herrschaft, wurde aber, bevor er die geplanten Reformen verwirklichen konnte, von einem Brüderpaar aus Athen ermordet, das aus dem Umkreis der platonischen Akademie stammte. Für Platon sind Dionysios und Dion letztlich selber schuld (*αὐτοί αἴτιοι, autoi aitioi)* an dem Unglück, das sie betroffen hat. Trotz seiner Distanz zu Dions Gewaltanwendung ist er der Überzeugung geblieben, dass dieser, »nachdem er Syrakus, seine Vaterstadt, aus der Knechtschaft befreit, diese gesäubert und ihr die Gestalt einer freien Stadt gegeben hätte, sofort die Bürgerschaft nach bestem Können und Vermögen mit den besten und geeignetesten Gesetzen ausgerüstet hätte, und dann wäre er bereit gewesen, das, was daran sich anschließt, zu tun, nämlich ganz Sizilien zu besiedeln und von den Barbaren zu befreien, die einen verjagend, die anderen unterwerfend« (Platon, Siebenter Brief, 336a).

Dions Ermordung so kurz nach seinem Sieg war ein unglücklicher Zufall. Er hatte vielleicht die Widerstände gegen sein Reformprogramm unterschätzt, aber das Scheitern war weder notwendig noch voraussehbar. Insofern gibt es keinen Grund zur Revision der Programmatik. Platons *Siebenter* und *Achter Brief* sind nach der Ermordung Dions an dessen Freunde geschrieben und sollten die Funktion haben, nicht nur seine eigene Rolle in dieser Angelegenheit zu rechtfertigen, sondern auch sein eigenes politisches Programm, das mit dem programmatischen Erbe

Dions identisch war, weiter zu empfehlen. Platon, der inzwischen über 70 Jahre alt war, verzichtete zwar darauf, selber noch an Ort und Stelle zu reisen, versuchte aber brieflich und theoretisch weiter seinen Rat zu geben. Vor allem schlug er vor, man müsse wieder von der Form verschiedener nur ein militärisches Regiment führender Souveräne wegkommen und stattdessen wo immer möglich den Namen eines patriarchalischen Fürsten verwenden, also in heutiger Sprache auf Formen traditioneller Legitimation zurückgreifen. Es müsse also eine königliche Regierungsform errichtet werden, die auf dem Gesetz basiere. Der Familienstreit um die Nachfolge müsse beigelegt werden, indem Dionysios II, Dions Sohn sowie Hipparinos, ein Halbbruder von Dionysios sich auf eine Art dreigeteilte Herrschaft einigten. Die Untertanen ihrerseits sollten sich vor einer anarchischen Überfreiheit und dem Revolutionsfieber ihrer Voreltern hüten, weil die daraus resultierenden Unruhen nur wieder zur Tyrannis statt zu einer gesetzmäßigen Herrschaft führen würden. Er zielte also auf eine Art konstitutionelle Monarchie, auf eine »durch ein Staatsgrundgesetz beschränkte königliche Gewalt, indem die Gesetze die eigentliche Oberherrlichkeit ausüben nicht nur über die Staatsmitglieder, sondern auch über die Könige selbst« (Platon, Achter Brief, 355e).

Man muss in Rechnung stellen, dass Platons *Siebenter Brief* nicht nur eine in nachträglicher Melancholie und Resignation geschriebene Rechtfertigungsschrift ist, sondern auch ein an die Freunde und potentiellen Nachfolger Dions gerichtete politische Programmschrift. Deshalb ist nicht allen Details zu trauen, und Platons eigenen Wertungen, Einschätzungen und Vermutungen ohnehin nicht – was er seinen Lesern aber auch nicht zugemutet hat. Den Vorsatz der Aufrichtigkeit hat Platon allerdings ausdrücklich für sich in Anspruch genommen: »So muss ich natürlich die Wahrheit sagen und es auch ertragen, wenn dann einer, nachdem er die Tatsachen vernommen hat, meine Philosophie gering achten und andererseits im Tyrannen den klugen Mann sehen wird.« (Platon, Siebenter Brief, 339a). Der Rang dieser Quelle ist außerordentlich und höher als der aller anderen Berichte über die sizilianische Affäre, und seien sie auch von Plutarch oder Diogenes Laertius, weil es ein Text politischer Praxisreflexion und kritischer Reflexion aus erster Hand von dem bedeutendsten Philosophen seiner Zeit ist. Diese Reflexion kann allerdings an keiner Stelle eine wirkliche schonungslose Abrechnung sein, weil der Vorsatz erhalten bleibt, auch in die Zukunft zugunsten einer rechtsstaatlichen Entwicklung in Sizilien zu wirken.

Dionysios II. soll aufgeschrieben haben, was Platon ihn in jenem einen Gespräch gelehrt hat. Platon, der diesen Text nicht hatte lesen können, beklagt sich darüber und stellt fest, dass es von ihm selbst keine Schrift über diese Gegenstände gibt und sicher auch nie geben werde. Das ist Platons berühmte und vieldiskutierte ungeschriebene Lehre[30], von der er glaubt, dass sie nur Schaden und Geringschätzung der Philosophie oder Selbstüberschätzung bewirken könnte, wenn sie allen zugänglich wäre. Hilfreich sind diese Lehren nur für ganz wenige, die sie auf Grund einer kurzen Anleitung aufnehmen können, um dann selbst die Sache zu finden.

Die ungeschriebene Lehre hat vielen Interpreten Rätsel aufgegeben. Wie konnte Platon behaupten, dass keine Schrift von ihm zu diesen Themen existiert, während mit dem *Staat*, dem *Politikos* und den *Nomoi*, um nur die umfangreichsten zu nennen, doch vielfältige Dialoge zu den Themen der Politik und der politischen Bildung überliefert sind? Als mögliche Lösung hat man zwischen der exoterischen und der esoterischen Lehre Platons unterschieden. Die esoterische sollte nur wenigen Eingeweihten zugänglich sein, vielleicht nach der Art der Einführung in einen Mysterienkult. Da in Platons Werken Andeutungen über die Mysterien häufig sind, ist diese Interpretation keineswegs abwegig. Ein politischer Philosoph des 20. Jahrhunderts, Leo Strauss, hat daraus für sich die Konsequenz gezogen, seine wesentlichen Gedanken ebenfalls nicht schriftlich abzufassen, sondern lediglich mündlich einem eingeweihten Kreis von Studenten in seinem Oberseminar zugänglich zu machen. In der amerikanischen Politikwissenschaft ist er dafür hart kritisiert worden, weil dies ein elitäres, antiaufklärerisches und undemokratisches Vorgehen sei.[31] Da die Auslegung zudem nicht kontrollierbar ist, kann jeder das, was er im persönlichen Gespräch gehört haben will, als die Lehre des Meisters ausgeben. Macht Platon also ein Geheimnis aus seinem Denken? Dafür spricht, dass er selbst es schon für problematisch hält, über diese Dinge überhaupt nur in solchen Andeutungen, in der Form des Mythos und der tastenden Rede zu sprechen, wie es im *Siebenten Brief* geschieht.

Allerdings ist auch eine andere Interpretation plausibel. Wenn man den Text genau liest, wird man feststellen, dass Platon an der Stelle, als er die Existenz einer Schrift bestreitet, das Wort *Syngramma* (σύγγραμμα) verwendet, also Abhandlung, Schrift, gesetzliche Bestimmung, Urkunde. Eine verbindliche Festlegung in Schriftform also. Platon meint, dass von ihm kein Lehrbuch zu diesen Dingen existiert. Die Dialoge sind dagegen eine andere Textsorte. Bekanntlich spricht Platon selbst in ihnen an keiner einzigen Stelle. Es handelt sich um mehr oder weniger authentische Gesprächsdarstellungen, um Versuche der Wahrheitsfindung. Anders als bei Aristoteles sind es aber keine Lehrbücher. Schaut man noch genauer hin, wird man feststellen, dass Platon nicht nur die geschriebene Zusammenfassung der wirklich wichtigen Teile seiner Staatsphilosophie ablehnt, sondern darüber hinaus auch den mündlichen Vortrag für verkehrt hält: »Wenn ich aber glaubte, es müsse in befriedigender Weise der breiten Öffentlichkeit schriftlich und mündlich vermittelt werden, was hätte ich Schöneres als das in meinem Leben tun können, Schöneres als den Menschen eine große Heilslehre niederzuschreiben und das Wesen der Dinge für alle ans Licht zu ziehen?« (Platon, Siebenter Brief, 341d) Auch die mündliche Form ist problematisch, weil sie, wenn sie auf die falschen Hörer trifft, diese nur mit der Selbstüberschätzung erfüllt, sie hätten längst alles begriffen. Wenn beide Formen der Wissensvermittlung, die mündliche und die schriftliche, unbrauchbar und fragwürdig sind, wie kann dann das richtige Wissen über die Staatseinrichtung erlangt werden?

Offenkundig dadurch, dass der Lernende nach kurzer Anleitung durch den Philosophen von selber in harter Arbeit, ständiger Bemühung und dauerndem Zusammensein, also auf dem Weg der Akademie die Einsicht erlangt, die dann auf intuitivem Wege in ihm selbst entstehen wird »wie ein Licht, das von einem springenden Funken entfacht wird« (Platon, Siebenter Brief, 341d). Platon hat hier recht genaue lernpsychologische Überlegungen über die Entstehung und die Herstellbarkeit von Intuition zugrundegelegt. Der intuitive Erkenntnisweg ist nicht ungefährlich, denn die scheinbare Leichtigkeit und Plötzlichkeit des Intuitiven kann leicht von jedermann, der die harte Arbeit und Bemühung scheut, für sich in Anspruch genommen werden und so die Philosophie als billigsten Erkenntnisweg diskreditieren. Davor warnt Platon genauso wie vor dem Glauben, die fertigen Lehren aus einem Vortrag entnehmen oder in einer Schrift nach Hause tragen zu können. Es gibt keinen einfachen Weg, auch nicht für den König oder den Tyrannen. Die Voraussetzungen der richtigen Intuition sind eine gründliche philosophische Erziehung und wohl auch eine entsprechende Veranlagung, die der Musikalität oder der Begabung für ästhetische Wahrnehmungsweisen nicht unähnlich ist, zu der aber auch viel Arbeit und Zeit und vor allem das Lernen in Gemeinsamkeit gehören. »Kurz und gut, denjenigen, der der Sache nicht innerlich verwandt ist, den kann weder Schulbegabung noch ein gutes Gedächtnis je dazu bringen, denn in ihr fremden Naturen kann sie überhaupt keine Wurzel fassen.« (Platon, Siebenter Brief, 344a) Wer dem Gerechten und dem Schönen nicht ähnlich oder verwandt ist, wird die Wahrheit über gut und böse nicht erfassen können.

Das aufgelöste Geheimnis der ungeschriebenen Lehre ist also das lernpsychologische Prinzip von *Platons Akademie*. In der geeigneten Umgebung werden diejenigen, die eine positive Veranlagung mitbringen, sofern sie genügend Zeit und Mühe aufwenden, mit einer gewissen Anleitung, im wesentlichen aber von selber lernen, wie der Staat richtig und gerecht zu regieren ist. Abkürzungen und Kurzprogramme gibt es nicht. Die Akademie war offenbar alles andere als eine verschulte Lehranstalt, denn letztlich kam es darauf an, für die intellektuelle Eigentätigkeit und die Entfaltung der schon mitgebrachten Begabung die geeignete Umgebung bereitzustellen.

Es wäre ungerecht, Platon den Vorwurf zu machen, er reduziere Politik auf die richtige Erziehung. Sein Modell einer konstitutionellen Monarchie für Sizilien ist zwar nur stichwortartig entwickelt, im Kern aber klar und deutlich. Ob er das gleiche Modell für Athen empfahl, wissen wir nicht.

7. Platons Staat

Der Sophist Thrasymachos

»So hat denn die Ungerechtigkeit, wenn sie nur gehörig im Großen verübt wird, etwas viel Kraftvolleres, Vornehmeres und Herrenmäßigeres als diese Gerechtigkeit.«
(Thrasymachos, in: Platon, *Politeia*, 344d)

Gern wird die Behauptung aufgestellt, es sei das in der *Politeia* von Sokrates entwickelte Staatsmodell, welches dann in Sizilien umgesetzt werden sollte. Dafür gibt es keine Belege. Die politisch-strukturellen Bemerkungen, die sich im *Siebenten* und *Achten Brief* finden, weisen eher darauf hin, dass eine konstitutionelle und rechtsstaatlich organisierte Monarchie die Vertrauensbasis für die wirtschaftliche Entwicklung, vor allem die Anwerbung und Ansiedlung neuer griechischer Kolonisten auf der Insel schaffen sollte. Die Tyrannis hatte die Wirtschaftsentwicklung gelähmt, weil sie das Leben in Syrakus für freiheitsgewohnte Griechen unerträglich und durch die Steuerwillkür auch wirtschaftlich unsicher gemacht hatte. Aber von wichtigen Kerninhalten der *Politeia*, etwa der Einführung des Gemeineigentums für einen Wächterstand, systematische Erziehung und Ausbildung des Nachwuchses, Organisation der Heiraten und Gleichstellung der Frauen war auf Sizilien nie die Rede.

Bei Platons *Staat* handelt es sich um etwas ganz anderes als um praktische Politikberatung. Was dort als Gedankenexperiment von Sokrates und seinen Gesprächspartnern, hauptsächlich den beiden Brüdern Platons, Adeimantos und Glaukon, durchgespielt wird, ist nicht notwendigerweise schon Platons eigene Meinung und schon gar nicht unbedingt das, was er gelehrt hat. Die Überlegungen zu Platons akademischem Unterricht und zu seiner Ablehnung von Lehrbüchern und Lehrvortrag im Kapitel über das sizilianische Abenteuer dürften deutlich gemacht haben, dass eine fixierte Lehre ohnehin nicht existiert. Es wird aber weiter unten gezeigt werden, dass der in Syrakus beschrittene Weg, nämlich die Erziehung des Machthabers, methodisch gesehen der einzige Weg war, den man beschreiten konnte, wenn man die Gedanken der *Politeia* in die Wirklichkeit umsetzen wollte.

In der Antike ist der *Staat* als Dokument von Platons politischer Philosophie gelesen worden. Das ist die Deutung von Aristoteles, der den *Staat* an vielen Punkten kritisiert, aber auch von Polybios und Cicero und im zwanzigsten Jahrhundert die Deutung Karl Poppers, dessen Kritik über die von Aristoteles weit hinausgeht. Darauf werde ich später noch kommen. Jedoch seit etwa 1800, vor allem durch den Einfluss Schleiermachers, wird der Staat ganz anders gelesen. Er gilt den meisten Philologen seitdem als eine Ethik. Das hängt mit der Ausdifferenzierung des Wissenschaftssystems zusammen. Traditionell unterschied man zwischen theoretischer und praktischer Philosophie. Zur praktischen Philosophie gehörten Politik, Moral und Ökonomie. Die Ökonomie war aber inzwischen aus der Philosophie ausgewandert und eine eigenständige Wissenschaft geworden. Die Politik war zur praxisnahen Verwaltungswissenschaft und Kameralistik geworden. Die Philosophie verlor immer mehr ihrer angestammten Gebiete an Teildisziplinen. Platons Politik wurde entsprechend, wie man beispielsweise etwa auch den alten Vorlesungsverzeichnissen der Aufklärungsuniversität Halle entnehmen kann, bei den Kameralisten gelehrt. Die Philosophie musste, wenn sie die Ansprüche auf ihre Traditionstexte aufrechterhalten wollte, neue Deutungen vorlegen, die ein Textverständnis aus dem Geist einer eher unpolitisch argumentierenden Moralphilosophie ermöglichten. Je genauer und tiefgehender man sich danach mit den Texten beschäftigte, desto mehr Themen aus dem Staat wurden erschlossen. Dazu gehören auch die Kritik an der Literatur und den schönen Künsten, die Erkenntnis- und Ideenlehre, die Frage des Guten etc. Die Technik der Staatsgründung wurde dadurch zu einem Aspekt unter vielen in diesem so reichhaltigen Werk. Vor allem wurde es aufgrund dieser Vielfalt und wegen der Bildhaftigkeit der Darstellung zur bevorzugten Schullektüre an den Gymnasien. Man findet im Staat beinahe alle Motive versammelt, die für Platon charakteristisch sind.

Der erste Teil dient als Problemaufriss. Der Sophist Thrasymachos hatte einige Zeit einer »jener sinnarmen und zirkulären, wenn auch möglicherweise erziehlichen Debatten, an denen in Platons Dialogen kein Mangel ist«[32] zugehört und war dabei zunehmend ungeduldig geworden. Sokrates berichtet: »Als wir aber nach meinen letzten Worten eine Pause machten, hielt er nicht mehr länger an sich, sondern krümmte sich zum Sprung zusammen wie ein wildes Tier und stürzte sich auf uns, als wollte er uns zerreißen. Ich und Polemarchos waren wie betäubt vor Schreck. Er aber rief mitten unter uns hinein: Was für ein elendes Geschwätz, Sokrates, ist es, an das ihr euch nun schon so lange verloren gebt!« (Platon, Politeia, 336b/c). Er verlangt, dass endlich genau gesagt wird, was Gerechtigkeit eigentlich sei, statt sich lange bei umständlichen Definitionen im Vorfeld aufzuhalten. Sokrates antwortet mit dem Hinweis, dass er es nicht wisse, aber sich gerne von einem Wissenden, wie Thrasymachos doch offenbar einer sei, belehren lasse wolle. Thrasymachos verlangt für seine Antwort als guter Sophist, der von seiner Weisheit lebte, ein Honorar. Offenbar lässt er sich dann aber doch zu einem kostenlosen Diskurs überreden, auch wenn einige der Gesprächsteilnehmer das Angebot machen, anstelle von Sokrates die Bezahlung zu übernehmen.

Die politische Konzeption von Thrasymachos erinnert an die des Kallikles aus dem *Gorgias*. Das Gerechte ist seiner Auffassung nach nichts anderes als der Vorteil des Stärkeren. Diese These erläutert er damit, dass jede Regierung sich ihre Gesetze zu ihrem eigenen Vorteil gibt, »die Demokratie demokratische, die Tyrannis tyrannische usw. Durch diese Art der Gesetzgebung bekunden sie eben, dass für die Regierten dasjenige gerecht ist, was ihnen selbst (den Regierenden) vorteilhaft ist, und wer es übertritt, den bestrafen sie als einen Gesetzesverächter und einen, der Unrecht tut. Und dies ist, mein Bester, was – so behaupte ich – in allen Staaten in gleicher Weise ›gerecht‹ ist, nämlich der Vorteil der bestehenden Herrschaft. Diese ist an der Macht, so dass für jeden, der nur richtig überlegt, daraus folgt: Überall ist das Recht dasselbe, nämlich der Vorteil des Mächtigeren!« (Platon, Politeia, 338e-339a)

Die Sprache, in der Thrasymachos sich ausdrückt, ist noch rudimentär, und es gelingt Sokrates sehr bald, ihn in Widersprüche zu verwickeln. Im Grunde ist die gesamte *Politeia* der Widerlegung dieses einen Gedankens gewidmet, denn auch noch, als Thrasymachos längst schweigt, vielleicht gar nach Hause gegangen ist, kommen die anderen Gesprächspartner mehrfach auf sein Argument zurück und versuchen es besser zu formulieren, weil es ihnen anfangs zu schnell widerlegt worden war. Aus diesem Grunde lohnt es sich, ein wenig länger hierbei zu verweilen. Die sokratisch-platonische Position hat sich durchgesetzt, während von den Sophisten wenig überliefert ist. Schon aus dem Gefühl heraus, dass ihnen durch Platons einseitige Porträtierung ein Unrecht geschehen sein könnte, ist vor allem im 20. Jahrhundert ihre Ehrenrettung versucht worden. Aus diesem Grunde hat Ralf Dahrendorf 1966 sein *Lob des Thrasymachos* verfasst als einem der klassischen Machttheoretiker.

Gerechtigkeit ist nach Thrasymachos kein objektiver oder absoluter Begriff, sondern einer, der unter verschiedenen Regimes jeweils anders gefasst wird. In Wirklichkeit ist sie kein letztes Prinzip. Hinter ihr verbirgt sich das allgemeinere Prinzip der Macht. Diese umfasst für den Dahrendorf von damals, der am Beginn seiner eigenen kurzen politischen Karriere in Deutschland stand, neben einigen anderen einfachen Versicherungen, wonach »Konflikt und Wandel allgegenwärtig sind und der politische Prozess sich nicht kalkulieren lässt«, den ganzen Inhalt des Politischen.[33] Für ihn haben Thrasymachos und sein neuzeitlicher Nachfolger Thomas Hobbes darin recht, dass Institutionen und Gesetze nicht Ergebnisse der Moral, der Gerechtigkeit oder des Konsens sind, sondern vielmehr Bastionen gegen die Schlechtigkeit der Menschen. »Der Ausgang vom Zwangscharakter menschlicher Gesellschaften ist die allgemeinere, die plausiblere, die bessere Perspektive auf das soziale und politische Leben [...]«[34]. Dieser Ansatz sollte daher die Gerechtigkeits- und Konsenstheorien ersetzen, die sich nur auf einen eher unwahrscheinlichen Sonderfall beziehen und im Grunde nur für diesen Erklärungskraft besitzen. Für den modernen Liberalen Dahrendorf behält deshalb Thrasymachos Recht gegenüber Sokrates. Der sokratische Moralismus steht in Gefahr, sobald die Wertbindung verabsolutiert wird, eine totalitäre Gesellschaft herbeizuführen.

Wirkungsgeschichtlich ist es wohl vor allem dem Thrasymachos zu verdanken, dass Platons *Politeia* eines seiner meistgelesenen Werke wurde. Die *Gesetze* (*Nomoi*), sein sehr viel umfangreicheres Spätwerk, sind demgegenüber verblasst, weil in ihnen ein solcher Diskussionspartner und damit der Reiz der scharfen intellektuellen Auseinandersetzung fehlt. Dennoch ist Thrasymachos nicht gerade der klügste und geschickteste Vertreter der Machtposition. Jedenfalls in der platonischen Darstellung benötigt Sokrates nur wenige einfache Argumente, um ihn zu schlagen. Das Gerechte soll also das für die jeweilige Regierung Vorteilhafte sein. Was nun aber, wenn diese sich täuscht und ungewollt etwas für sie selbst Schädliches anordnet? Wäre das dann auch gerecht? Sokrates beharrt auf einem äußeren, in irgendeiner Weise objektiven Maßstab. Thrasymachos lässt sich ungeschickterweise darauf ein. Ungeschickterweise deshalb, weil Kleitophon ihm zu helfen versucht und einwirft, auf objektiven Vorteil komme es nicht an, sondern gerecht sei einfach das, von dem der Stärkere glaubt, es sei gut für ihn. Diesen Einwurf übergeht Thrasymachos. Seine Antwort, dass der Stärkere, der fehlerhaft handelt, dann eben nicht mehr der Stärkere sei, lässt seine Position ins Schwimmen geraten. Der Arzt, der in der Behandlung des Kranken fehlgreift, ist dann eben kein Arzt mehr, und es ist nur eine fehlerhafte Redeweise, wenn man sagt, der Arzt habe einen Fehler gemacht. Dies bietet eine neue Angriffsfläche für Sokrates, der ihm nachweist, der Arzt würde dann als fehlerfreier Arzt gelten, wenn er für seinen Patienten das Richtige tut, und der Herrscher, der für seine Untergebenen das Richtige tut, nicht jedoch, was ihm lediglich selbst nützt.

Thrasymachos greift hier zum Mittel der Ironie und legt ihm dar, dass die Schaf- und Rinderhirten ja auch alles zum Wohle ihrer Tiere tun – aber doch wohl, um diese zu melken, zu scheren und zu schlachten! Er expliziert nochmals seine Moralkritik: Gerechtigkeit ist nichts weiter als ein Vorwand, um die Gehorchenden und Dienenden dazu zu bringen, nicht ihrem eigenen Interesse, sondern einem anderen zu dienen. Glücklich wird dadurch nur der Herrschende, während der Gerechte immer gegenüber dem Ungerechten im Nachteil ist. Der Ungerechte ist dagegen im Vorteil, vor allem dann, wenn es ihm gelingt, dieses Geschäft im allergrößten Stil zu betreiben, nämlich zum Tyrannen zu werden. »So hat denn, Sokrates, die Ungerechtigkeit, wenn sie nur gehörig im Großen verübt wird, etwas viel Kraftvolleres, Vornehmeres und Herrenmäßigeres als die Gerechtigkeit.« (Platon, Politeia, 344c) Schärfer hat das nicht einmal Nietzsche formulieren können, und selbst Bertolt Brecht fielen nur Varianten dazu ein. Was übrigens die wirkliche Meinung des Thrasymachos war, können wir nicht rekonstruieren. Unabhängig von Platons Dialog sind nur wenige Fragmente überliefert. Gegenüber Sokrates besteht er darauf, dass dieser seine Worte widerlegen und sich nicht darum kümmern solle, ob er nun seine wahre Meinung ausspreche oder die Thesen nur um der Diskussion willen aufgestellt habe. (Platon, Politeia, 349a) Für den Sophisten geht es um die Formulierung einer Position, den expressiven Ausdruck seiner Meinung, nicht so sehr um die Aufrichtigkeit. Auch der Versuch, andere durch Argumente zu überzeugen, ist ihm nicht wirklich wichtig. Er reagiert unwirsch, als er gebeten wird, mit hinreichenden Gründen darzulegen, warum es ein Irrtum ist, die Gerechtigkeit über die Ungerechtigkeit zu stellen: »Und wie soll ich dich überzeugen? Denn wenn du durch das eben von mir Gesagte nicht überzeugt worden bist, wie soll ich dir dann noch beikommen? Soll ich dir meine Worte etwa in die Seele stopfen und sie dir so beibringen?« (Platon, Politeia, 345b).

Wieder wird einer jener für die Dialoge mit den Sophisten so charakteristischen Kämpfe um die Gesprächsführung und Gesprächstechnik ausgetragen. Auch Thrasymachos würde lieber seine Thesen in einem geschlossenen Vortrag darlegen, um nicht ständig durch die Fragen des Sokrates unterbrochen zu werden. Er gibt aber nach und lässt sich auf das Gespräch ein, um nicht dem Vorwurf ausgesetzt zu sein, er redete wie ein Volksredner. Sokrates antwortet mit einem schon damals gängigen Standardargument: »Glaubst du, dass ein Staat oder ein Heer oder Räuber oder Diebe oder sonst eine Bande, die gemeinschaftlich auf einen Frevel ausgehen, etwas ausrichten können, wenn sie selbst einander Unrecht tun?« (Platon, Politeia, 351c)[35] Interne Ungerechtigkeit macht Heere, Staaten und Räuberbanden unfähig, sich als Ganzes für etwas einzusetzen, und auch der einzelne wird, wenn er mit sich selbst in Zwiespalt und Uneinigkeit ist, nicht wirksam handeln können. Auch das gibt Thrasymachos zu, obwohl Sokrates hier ein auf gewagtesten Analogien beruhender Fehlschluss unterlaufen ist, indem er über den Zwischenbegriff der Zwietracht in einer Gruppe auf die innere Uneinigkeit des Selbst kommt und diese wiederum mit Ungerechtigkeit gleichsetzt.

Gelegentlich stellt man sich in der Forschung die Frage, ob Platon solche Fehler nicht aufgefallen sein müssen. Eine stringente Argumentationslogik ist aus der systematischen Widerlegung der Sophisten jedoch erst von Aristoteles entwickelt worden. Bei Platon finden wir vielmehr das Bemühen um möglichst gründliche Begriffsdefinitionen, d.h. ein eher materiales statt eines formalen Interesses. Er ist nur bis zur Entwicklung einer Frühform der Argumentationslogik gekommen, der sogenannten *Dihairesis* (διαίρεσις, Unterscheidung, Begriffszergliederung). Vor allem in dem Dialog *Der Sophist (Sophistes)* werden sie modellhaft vorgeführt. Es dürfte kaum einen Philosophiestudenten geben, der sich nicht mit dem Angelfischerbeispiel, der berühmtesten der *Dihairesen*, abgemüht hat. Wer erfahren will, wie man sich behelfen konnte, als die Logik noch nicht erfunden war, möge die Seiten 218c bis 221c im *Sophistes* nachlesen.

Platons Staatsutopie und die Herrschaft der Philosophen

»Die größte Strafe aber ist es,
von einem Schlechteren regiert zu werden, wenn man sich
nicht selbst zum Regieren entschließt.«
(Sokrates, in: Platon, *Politeia*, 347c)

Es war Sokrates zwar gelungen, gegenüber Thrasymachos zu zeigen, dass Gerechtigkeit besser sei als Ungerechtigkeit. Was Gerechtigkeit aber genau sei, blieb undefiniert. Der Rest der *Politeia* ist dieser Aufgabe gewidmet. Es handelt sich dabei um eine seltsame Grundkonstruktion. Sowohl einzelne Menschen als auch der Staat insgesamt können gerecht sein. Da der Staat größer ist, kann man an ihm leichter, nämlich sozusagen im Vergrößerungsglas, das Gerechte erkennen. Wenn die Grundbegriffe dann entwickelt sind, werden sie auf die Einzelpersonen übertragen. Politik wird von ihm als Schlüssel zur Psychologie verwendet, wie Ernst Cassirer bemerkt hat.[36] Auch hier finden wir die schon im *Menon* erwähnte Personalisierung des Politischen. Das Politische ist für Platon kein besonderer Bereich mit eigenen Regeln wie in der Neuzeit seit Machiavelli. Der Staatskörper lässt sich mit der Einzelperson analogisieren. Ziel und Ergebnis der Betrachtung ist eine Charakterologie von Menschentypen. Die Athener Intellektuellen von damals hielten offenbar ihr politisches System für wesentlich leichter durchschaubar als wir das unsere. Der moderne methodologische Individualismus geht genau umgekehrt vor, indem er das Individuum auf seine Präferenzen reduziert und von dort aus die ganze Komplexität von Gesellschaft und Politik zu erklären sucht. Heute glaubt man, das Individuum sei theoretisch in seinen Präferenzen leicht zu erfassen, der Staat jedoch das Komplizierte und zu Erklärende. Gerade weil man bei der Lektüre einen unmittelbaren Zugang zur Lebendigkeit und Zugespitztheit der damaligen Diskussionen gewinnen kann, ist es wichtig, sich über eine solche fundamentale Differenz klar zu sein.

Trotz der immer noch nicht erlahmten Gegenwehr der Platon-Verehrer ist die derzeit herrschende Lehre in der Interpretation der *Politeia* die zuerst 1945 veröffentlichte These Karl R. Poppers, hier werde das Modell eines autoritären Staatswesens entwickelt.[37] Diese Deutung hat der Platon-Rezeption übrigens in keiner Weise geschadet, sondern den Text in eine grundsätzliche und aktuelle Kontroverse zurückgeholt, in der man sich heftig über ihn und die Regeln der Interpretation streiten kann. Popper hat Platon sehr genau gelesen und auch die Struktur und den Aufbau der *Politeia* sorgfältig reflektiert, so dass der Vorwurf an ihm vorbei geht, er habe den Unterschied zwischen Platons Denken und den in den Dialogen entwickelten Gedanken nicht berücksichtigt. Um sich für Platon zu interessieren und über sein Denken zu diskutieren, muss man ihn nicht kniefällig verehren.

Platons *Politeia* wird sogar umso interessanter, je mehr wir verstehen, dass die in diesem Werk konzipierte *geschlossene Gesellschaft* die Reaktion auf eine welthistorisch erstmalige Entwicklung war, nämlich auf den Schub der Individualisierung und Demokratisierung im damaligen urbanen Athen. Der Versuch, die geschlossene Welt der Stammesgesellschaft in einem großen Entwurf zu konservieren, in einer Rückbesinnung auf die Fundamente der Polis, ist offenbar ein Musterfall für fundamentalistische Gegenreaktionen gegen Modernisierungsprozesse, die das menschliche Sicherheits- und Orientierungsbedürfnis überfordern. Es wäre vollkommen ahistorisch, wollte man in den fundamentalistischen Modernitätsreaktionen des Sozialismus und des Faschismus im 20. Jahrhundert Spätwirkungen des platonischen Denkens sehen. Zurechenbare Kausalitäten gibt es hier nicht, wohl aber strukturelle Homologien, die lehrreich sein können für die vergleichende Analyse von Modernisierungsprozessen.[38]

Ein Durchgang durch Platons *Staat* ergibt, dass dieses Werk in einem erstaunlichen Maße und bis in viele Details hinein Regeln und Richtlinien des modernen Totalitarismus vorwegnimmt. Es geht nicht einfach um Unterdrückung und Zensur, sondern darum, dass das gesamte Erziehungs- und Gesellschaftssystem angelegt ist, um diese Gesellschaft in ihrer Struktur auf Dauer zu stellen und ihr die begeisterte Akzeptanz ihrer Mitglieder zu sichern. Es ist eine Ständegesellschaft, in der es entsprechend den drei Seelenteilen des Menschen drei Stände gibt. Der erste Seelenteil, der vernünftige, entspricht dem Stand der herrschenden Philosophen. Der zweite Seelenteil ist der Selbstbehauptungswille *(thymos)*. Ihm entspricht der Krieger- bzw. Wächterstand. Der dritte Stand schließlich ist der Erwerbsstand, der dem niedrigsten Seelenteil, dem Begehrungsvermögen oder auch dem Triebhaften entspricht. Wer zu welchem Stand gehören soll, richtet sich nach der Anlage, die im Prozess der Erziehung zum Ausdruck kommt. Ein Kind aus dem Erwerbsstand kann also, wenn es schon früh die entsprechende Begabung zeigt, aufsteigen und die Erziehung der Wächter bekommen. Doch auch der Abstieg ist möglich und soll mitleidlos durchgesetzt werden. Die Philosophenherrscher werden ihren Untertanen durch einen eingängigen Mythos klarmachen, wohin sie gehören: den Herrschern war bei ihrer Erschaffung Gold beigemischt, den Gehilfen Silber, den Bauern und Handarbeitern Eisen und Erz. Jeder soll seiner Natur entsprechend das Seinige und ihm Angemessene tun.

Für die höheren Stände gelten höhere Anforderungen. Unter den Wächtern herrscht Frauen- und Kindergemeinschaft. Frauen sind gleichgestellt. Eine exklusive Ehebeziehung soll es nicht geben, weil dadurch die Gemeinschaftlichkeit gestört würde. Besitz gibt es nur für den unteren Stand. Für die Oberen ist das

Privateigentum abgeschafft. Platons Argument für die Gleichberechtigung der Frauen ist in der extrem männlich geprägten Gesellschaft des antiken Athen ausgesprochen ungewöhnlich. Die gängigen Vorurteile werden der Reihe nach diskutiert und widerlegt. Wäre es nicht sittlich anstößig, wenn Frauen unbekleidet gemeinsam mit den Männern Gymnastik üben? Die Antwort ist: Es habe eine Zeit gegeben, da den Griechen wie heute noch den Barbaren selbst schon der Anblick nackter Männer anstößig vorkam. Das sei eine Sache der Gewöhnung. Entsprechender Kritik müsse man standhalten. Der Einwand, Männer und Frauen seien nun einmal von unterschiedlicher Natur und müssten deshalb unterschiedliche Tätigkeiten ausüben, wird damit beantwortet, dass dies für die Wächteraufgaben unerheblich sei. Auch Menschen mit Glatzen und solche mit vollem Haar seien unterschiedlicher Natur und könnten doch die gleichen Tätigkeiten ausführen: »Wenn aber die Besonderheit bloß darin besteht, dass die Frau gebärt und der Mann zeugt, so ist, wie wir behaupten werden, dadurch noch gar nicht bewiesen, dass hinsichtlich des von uns geltend gemachten Gesichtspunkts die Frau vom Manne verschieden ist, sondern wir werden nach wie vor der Überzeugung sein, dass unsere Wächter und ihre Frauen denselben Beschäftigungen nachgehen müssen.« (Platon, Politeia, 454e)

Die Fortpflanzung soll in der *Politeia* nach Kriterien der Zuchtwahl geregelt werden, das heißt, es »müssen die besten Männer so häufig wie möglich den besten Frauen beiwohnen, die schlechtesten dagegen den schlechtesten so selten wie möglich. Die Kinder der ersteren müssen aufgezogen werden, die der anderen nicht, sofern die Herde auf voller Höhe bleiben soll. Und von allen diesen Maßnahmen darf außer den Herrschern selbst niemand etwas wissen, wenn die Herde der Wächter so viel als möglich vor Zwietracht bewahrt werden soll.« (Platon, Politeia, 459d/e) Schon damals also musste die Eugenik sich verstecken und konnte nur im Verborgenen wirken – ein Beleg dafür, dass sie als öffentliches, demokratisches Prinzip zu keiner Zeit vertretbar gewesen ist. Die Herrscher werden die Hochzeiten organisieren und reglementieren, die Dichter haben die Aufgabe, für die passenden Gesänge zu sorgen. Die Kinder werden in gemeinschaftlichen Institutionen erzogen, d.h. die Eltern sollen ihre Kindern nicht kennen.

Die Funktion von Literatur und Kunst ist streng geregelt. Die Dichter werden beaufsichtigt und ihre Werke zensiert. Sie sollen »möglichst schön ersonnene Erzählungen von durchaus sittsamer Art« (Platon, Politeia, 378e) hervorbringen. Von der bisherigen Literatur muss ein großer Teil verworfen werden. Selbst die Dichtungen Homers werden wegen der mythologischen Unwahrscheinlichkeiten und weil sie die Götter mit allzumenschlichen Leidenschaften und Begierden darstellen, einer scharfen Kritik unterzogen. Auch in die Musik darf sich keine ungeregelte Neuerung einschleichen. Es ist ein Fehler, sie als bloße Unterhaltung zu betrachten, denn wenn die Regeln der Musik verändert werden, werden die wichtigsten Gesetze des Staates in Mitleidenschaft gezogen (Platon, Politeia, 424c). Für die kriegerischen Wächter sind klagende Tonarten sowie weichliche und müßiggängerische abzulehnen. Flöten und ähnliche Instrumente sind zurückzuweisen, während die Lyra und die Kithara sowie für die Hirten die Rohrpfeife akzeptiert werden können. So bleiben nur die dorische und die phrygische Tonart übrig. Wir wissen zuwenig über antike Musik, um genau sagen zu können, wie diese Tonarten geklungen haben mögen. Aus der Funktionsbeschreibung, die Sokrates für sie gibt, können wir immerhin eine Vorstellung gewinnen. Sie sollen nämlich bei kriegerischen Männern die Tapferkeit und das Durchhaltevermögen fördern, bei friedlicher Tätigkeit aber die Offenheit gegenüber anderen und die Besonnenheit unterstützen. Auch die Rhythmen müssen so gewählt werden, dass sie für ein gesittetes und tapferes Leben förderlich sind. Was über die anderen Künste wie etwa die Malerei gesagt wird, braucht hier nicht ausgeführt zu werden.

Herrscher in diesem Staat sollen die Philosophen sein. Diesen Gedanken führt Sokrates mit einigem Zögern und unter einiger Absicherung ein, muss er doch befürchen, dass ihn »eine rauschende Sturzflut von Lachen und Unglauben hinwegspülen« (Platon, Politeia, 472d) wird. Dennoch dürfte diese so deutlich in eigener Sache gesprochene Stelle außerordentlich ernst gemeint sein. Ihr Wortlaut:

»Wenn nicht die Philosophen in den Staaten Könige werden oder die Könige, wie sie heute heißen, und Herrscher echte und gute Philosophen und wenn nicht in eine Hand zusammenfallen politische Macht und Philosophie, und wenn nicht die Vielzahl derer, die sich heute auf Grund ihrer Anlage nur der einen der zwei Aufgaben widmen, mit Gewalt davon ferngehalten wird, gibt es, mein Glaukon, kein Ende des Unglücks in den Staaten, ja nicht einmal im ganzen Menschengeschlecht, und unsere Verfassung, die wir nun in Gedanken entworfen haben, wird nicht früher, soweit überhaupt möglich, verwirklicht und das Licht der Sonne erblicken. Aber das ist es, was auszusprechen ich mich schon lange scheue, weil ich sehe, wie sehr es wider die allgemeine Meinung verstößt.« (Platon, Politeia, 473d)

Wie passt es zu diesem Gedanken, dass Philosophen oft weltfremd oder gar seltsam sind? Dieses Thema wird ausführlich und umständlich erörtert. Die eigentliche Antwort erfolgt erst mit dem berühmten Höhlengleichnis am Anfang des siebenten Buches. Die mit dem Blick zur Höhlenwand gefesselten Höhenbewohner nehmen nur die durch ein Feuer projizierten Schattenbilder der Wirklichkeit wahr. Der Philosoph, der sich aus der Höhle zur Sonne hinausgearbeitet hat, wird zunächst geblendet sein und gar nichts sehen. Erst nach einer Gewöhnung wird er die Wirklichkeit wahrnehmen, wie sie ist. Kommt er dann in die Höhle zurück, wird niemand seinen Bericht hören wollen und keiner ihm glauben. Er wird im Dunkeln sich zunächst nicht zurechtfinden und von den Höhlenbewohnern verspottet und ausgelacht werden. Wer die Idee des Guten einmal geschaut hat und dann wieder hinabsteigt in die Jammerwelt der Menschen, der wird sich ungeschickt benehmen und lächerlich erscheinen. Kann man diesen Leuten die Herrschaft anvertrauen? Die sokratische Antwort: Es ist politisch gesehen besonders ungefährlich, wenn diejenigen an der Regierung sind, die aufgrund ihrer Veranlagung und ihres Bedürfnisses zur Reflexion am wenigsten darauf aus sind, zu herrschen. Sie werden am wenigsten ihren eigenen Vorteil suchen und am ehesten dem Gemeinwohl dienen. Hungerleider und Geldgierige dagegen würden als erstes darauf achten, sich selbst zu bereichern. (Platon, Politeia, 520d)

Die Herrschaft solcher Philosophen, die Literatur und Kunst reglementieren und zensieren und den Beischlaf ihrer Untertanen sowie die Kinderaufzucht nach Kriterien der Eugenik organisieren, ist schon damals unattraktiv gewesen und hat als exzentrisch gegolten. Den Vorwurf der Weltfremdheit seiner Überlegungen hat Platon zwar vorweggenommen, jedoch nicht wirklich überzeugend widerlegen können. Sein Gesellschaftsentwurf ist aber dem Anspruch nach mehr als ein bloßes Gedankenspiel. Er war auf Verwirklichung angelegt. Die Gesellschaft, die er schildert, ist auf Dauer, das heißt auf Immobilität angelegt. Sozialer Wandel ist nicht vorgesehen, sondern stattdessen Stabilität.

Wie aber kann sie hergestellt werden, wie kann der Übergang von der gegenwärtigen zerrissenen Gesellschaft zu dieser neuen Harmonie bewerkstelligt werden? Wie soll der Stand der Philosophen an die Macht kommen? Hier bleibt keine andere Antwort übrig als die der *Reform von oben*, wie sie Platon in Sizilien versucht hat. Es gibt die Möglichkeit, »dass sich wirklich Söhne von Königen oder Machthabern finden könnten, die philosophisch begabt sind.« (Platon, Politeia, 502a) Es wird schwer sein, sie vor der sittlichen Verderbnis ihrer Umgebung zu bewahren, allerdings ein einziger würde schon ausreichen, wenn er über einen folgsamen Staat verfügt, all das zu verwirklichen, was man jetzt für unglaublich hält. Es ist also nicht unmöglich, dass sich dann auch die Bürger bereitfinden, so zu leben. In den *Gesetzen* ist er sogar noch weiter gegangen und hat sich einen jungen, besonnenen, edlen, philosophisch interessierten und vom Glück begünstigten Tyrannen gewünscht, um seinen Staat zu realisieren. (Platon, Gesetze, 710c) Denn ein radikaler Wandel ist am leichtesten, je kleiner die Zahl der Regierenden ist. Wir sehen, dass Platons Versuch in Sizilien kein Abweichen von seiner reinen Lehre, kein Praxisirrtum war, sondern die einzig mögliche Strategie, um seine Gedanken in die Praxis umzusetzen. Andere Wege waren für ihn nicht gangbar.

Die Revolution von unten kam für ihn nicht in Frage, weil er von einer demokratischen Herrschaft nichts hielt. Er sah in ihr ein Übermaß an Freiheit. Sokrates und Adeimantos ziehen mit ziemlich schlichten Witzen über sie her. Selbst die Haustiere in Athen seien unter den hier herrschenden Zuständen aufmüpfig und frech geworden: »Was nämlich die Tiere betrifft, die von den Menschen gehalten werden, so wird niemand glauben, der es nicht selbst mit erlebt, wie viel freier und frecher sie hier sind als anderwärts. [...] Pferde und Esel sind daran gewöhnt, frei und stolz daherzuschreiten und jeden, der ihnen auf der Straße begegnet, anzurennen, wenn er nicht ausweicht. Und so ist auch sonst alles voll der Freiheit.« (Platon, Politeia, 563c) Platon zeigt hier deutlich seine Zugehörigkeit zum antidemokratisch gesinnten Athener Adel. Für den »Wahnwitz der Menge« (Platon, Politeia, 496c) hatte er nur ablehnende Worte übrig. Immerhin konnte er sich die Entstehung des Idealstaats notfalls auch aus der Demokratie heraus vorstellen, wenn auch am schwierigsten.

Die Oligarchie, die Herrschaft weniger, wird die Entstehung der Politeia ebenfalls schwierig werden lassen, weil es in ihr die meisten Machthaber gibt, deren Interessen eine Beharrungskraft aufweisen (Platon, Nomoi, 710e). Der Weg des Putsches und der aristokratischen Oligarchie schied für ihn aus, nachdem er als junger Mann in Athen eine Probe dieser Herrschaftsform erlebt hatte. Sein Onkel Kritias war der Anführer der »Dreißig Tyrannen«, die kurzzeitig nach der Niederlage Athens im Peloponnesischen Krieg eine Oligarchie etablierten. Platon wurde zum Mitmachen eingeladen und hoffte anfangs wohl wirklich, dass sie eine gerechtere Lebensführung in Athen durchsetzen würden. In kürzester Zeit aber ließen diese Leute die frühere demokratische Verfassung »als paradiesisch erscheinen« (Platon, Siebenter Brief, 324d). Eine gründlichere Schilderung dessen, was sich unter ihrer Herrschaft abgespielt hat, findet sich in Xenophons *Hellenika*: Die Dreißig ließen einem großen Teil der Bürger die Waffen wegnehmen, und begannen, »da sie nun schon eher die Möglichkeit hatten, nach ihrer Willkür zu verfahren, viele aus Feindschaft, viele um ihres Geldes willen zu töten. So beschlossen sie, um die Besatzungsmannschaften [aus Sparta, WRS] bezahlen zu können, dass jeder von ihnen einen Metöken greifen und hinrichten und sein Vermögen beschlagnahmen solle.« (Xenophon, Hellenika, II, 3) Kurz darauf wurden sie in einem Bürgerkrieg gestürzt.

Platon ist mit seiner Idee der Philosophenherrschaft weitgehend allein geblieben. Immanuel Kant, der die Grenzen seines Faches sehr viel genauer als sein großer Vorgänger kannte, hat dazu bemerkt, die Philosophenherrschaft sei keineswegs zu erwarten und auch nicht zu wünschen, »weil der Besitz der Gewalt das freie Urteil der Vernunft unvermeidlich verdirbt.«[39] Die

Könige sollten sie nur anhören und öffentlich sprechen lassen. Dies ist bis heute die vorherrschende Ansicht geblieben, bis hin zu Bertrand Russell, Karl R. Popper oder heutigen politischen Philosophen wie Michael Walzer, der zu dem knappen Ergebnis kam: »Philosophical founding is an authoritarian business.«[40] Lenins Revolution war der vorläufig letzte Versuch der Umsetzung einer umfassenden und in vielen Elementen der platonischen ähnlichen Konzeption mit dem Philosophen an der Spitze. Unter den heute diskutierten und als bedeutend geltenden Philosophen hat nur ein einziger eine derartige Möglichkeit erwogen, nämlich die Tyrannis als Mittel zum Zweck der Überwindung der ökologischen Krise, weil sich nur so der Massenwohlstand nachhaltig senken lasse. Das ist das Modell des *Prinzips Verantwortung* von Hans Jonas.[41] Wenn man einmal vom statischen und totalitären Charakter der Gesamtanlage der *Politeia* absieht, besteht das Grundproblem dieses platonischen Denkens darin, dass es den guten und gerechten Herrscher verlangt, also eine Voraussetzung macht, die empirisch und historisch in der Mehrzahl der Fälle nicht erfüllt und auch durch Erziehung (Wer erzieht die Erzieher?) nicht zu erreichen ist. Modern ist demgegenüber Poppers Frage: »Wie können wir politische Institutionen so organisieren, dass es schlechten oder inkompetenten Herrschern unmöglich ist, allzugroßen Schaden anzurichten?«[42]

Im *Staat* hat Platon die beste Verfassung präsentiert, die auf der Gemeinsamkeit vom allem, der Frauen, der Kinder und des Besitzes beruht – nach dem Sprichwort, dass Freunden in Wahrheit alles gemeinsam sei. Alle werden gemeinschaftlich sehen, hören und arbeiten, sie werden in Lob und Tadel möglichst einstimmig sein und auch über dasselbe Freude oder Trauer empfinden. Einen besseren Staat kann es nicht geben. Er würde wohl von Göttern und Göttersöhnen bewohnt werden. In den *Gesetzen (Nomoi)* nun, dem anderen umfangreichen staatstheoretischen Dialog, macht sich Platon daran, den zweitbesten Staat zu entwerfen, der möglicherweise eher und leichter realisiert werden könnte, zum Beispiel durch die Gründung einer neuen Kolonie auf der Grundlage der ausgearbeiteten Gesetze. Die Ausarbeitung einer drittbesten Verfassung hat Platon sich für später vorbehalten. Auch der zweitbeste Staat nämlich ist nicht unbedingt realisierbar. Platon hat es aber für seine Aufgabe gehalten, zunächst einmal die nötigen Gesetze zu entwerfen. Falls es dann bei der Realisierung nicht möglich sein sollte, bestimmte Teile umzusetzen, dann soll man diese eben weglassen und vom Restlichen das ausführen, was dem Fehlenden so weit wie möglich nahekommt. Auf jeden Fall verfügt man im Idealmodell über einen Maßstab. Der Entwurf muss vollständig und zusammenhängend sein. Anschließend kann man dann überlegen, was wirklich anwendbar ist und was demgegenüber in der Realität nicht durchführbar sein wird. (Platon, Nomoi 746b/d).

Dieses Werk ist schwieriger zu lesen als der *Staat* und war auch in der Antike weniger populär. Aristoteles bemerkt dazu mit seinem feinen Gelehrtenspott: »Die *Gesetze* bestehen größtenteils nur aus Gesetzen, und wenig ist über die Staatsverfassung gesagt.« (Aristoteles, Politik, 1265a)

8. Philosophie und Demokratie: Sokrates' Verteidigung und Verurteilung

»Je früher ich mich darauf eingelassen hätte,
Politik zu treiben, desto eher
wäre ich auch zu Tode gekommen.«
(Sokrates, in: Platon, *Apologie*, 31d)

Der Inhalt der Anklageschrift, die im Jahre 399 von drei Athener Bürgern, deren Namen bis heute bekannt sind, nämlich Anytos, Meletos und Lykon eingereicht wurde, lautete wie folgt: »Sokrates tut unrecht, indem er die Götter nicht anerkennt, welche der Staat anerkennt, dafür aber neue Götter einführt. Er tut ferner dadurch Unrecht, dass er die jungen Leute verdirbt.« So hat es Xenophon in seinen Erinnerungen an Sokrates überliefert (Xenophon, Memorabilien, I,1). Das Todesurteil gegen ihn galt schon damals als skandalöser Justizirrtum des Volksgerichts und hat eine reichhaltige Pro- und Contra-Literatur hervorgerufen. Warum nun waren die vom Staat anerkannten Götter so wichtig? Weshalb galt nach athenischem Gesetz für Religionsvergehen (griechisch Asebeia, ἀσέβεια) die Todesstrafe?

Nach der Interpretation von Fustel de Coulanges beruhten die antiken politischen Gemeinschaften im wesentlichen auf der Religion. »Jede Stadt hatte ihre religiösen Feste und ihren Kalender; in zwei Städten konnten die Monate und das Jahr nicht dieselben sein, weil die Reihenfolge der religiösen Handlungen unterschiedlich war. [...] Die Grenzlinie war so scharf, dass man sich kaum vorzustellen vermochte, wie eine Heirat zwischen Bewohnern zweier verschiedener Städte gestattet werden konnte. Es war leichter für eine Stadt, eine andere zu unterwerfen, als sich mit ihr zu vereinen.«[43] Ein autoritäres politisches System wie das persische wurde durch den Großkönig zusammengehalten. Xerxes, der Perserkönig, hat es wegen des Fehlens einer entsprechenden Instanz bei den Griechen kaum für möglich gehalten, dass diese einen effizienten militärischen Widerstand gegen ihn organisieren könnten. Ein analytischer Irrtum, denn die griechische Staatsfrömmigkeit war ein ausreichendes politisches Integrationsmoment des selbstverwalteten Gemeinwesens. Ein Verstoß gegen die herrschende Religion musste als politischer Angriff auf die bestehenden Verhältnisse angesehen werden. Hier war der Stadtstaat an einer empfindlichen Stelle berührt.

In der Sicht von Hannah Arendt hat mit dem Echo auf den Prozess gegen Sokrates die politische Philosophie begonnen. Platon verlor den Glauben an die Polis. Vor allem aber begann er sicheres Wissen jenseits der bloßen Meinung, der *(δόξα, doxa)* zu suchen. Er hat versucht, eine politische Theorie zu entwickeln, »in der die Maßstäbe des Politischen nicht aus diesem selbst, sondern aus der Philosophie geschöpft sind«.[44] Für sie begann damit das Verhängnis des Denkens, weil das Eine und die Herrschaft an die Stelle der sokratischen Pluralität gesetzt wurde. Idealtypisch stellt sie das sokratische gegen das platonische Modell. Die frühen sokratischen Dialoge, die nach Ansicht der Platonforschung dem authentischen Sokrates sehr nahe kommen, enden durchweg aporetisch. Am Schluss steht keine Lösung, sondern nur der Vorsatz, von vorn anzufangen. Typisch der *Euthyphron*: Um fromm zu sein, muss man wissen, was Frömmigkeit ist. Fromm ist, was den Göttern gefällt; ist es nun aber fromm, weil es den Göttern gefällt, oder gefällt es den Göttern, weil es fromm ist? Das sokratische Denken bleibt offen, bleibt in Bewegung. Es ist gefährliches Denken insofern, als es jederzeit alle festen Ergebnisse aufs Spiel setzt und dadurch provozierend wirkt. Ein gefährliches Denken im Sinne des Nihilismus wird erst dann daraus, wenn man aus den Nicht-Ergebnissen des Sokrates negative Ergebnisse macht. Das taten zwei seiner Zuhörer, nämlich Alkibiades und Kritias (der Anführer der dreißig Tyrannen im Jahre 404 v. Chr.), die aus dem Scheitern der Definition von Gerechtigkeit oder Frömmigkeit zu dem Schluss kamen, dann sei man frei, ungerecht und gegen die Götter zu handeln. Dagegen suchte Platon einen festen Halt, und deshalb entwickelte er seine Ideenlehre. Nur die richtig gebildeten Begriffe sind unwandelbar, nicht ihre äußere Erscheinungsform. Hinter den Objekten der sinnlichen Vorstellung muss also eine Idee stehen, die gegenüber dem bloß Äußeren die eigentliche Wirklichkeit darstellt.

In seiner Verteidigungsrede brachte Sokrates vor, er habe an allen religiösen Festen und Opferhandlungen teilgenommen. Allerdings hatte er seine ganz eigene Vorstellung von diesen Dingen, denn er hatte eine Art Privatreligion entwickelt, derzufolge ihm eine göttliche Stimme, sein *Daimonion* (δαιμόνιον) zu jeder Zeit eingab, was er zu tun und zu unterlassen hatte. Dieses *Daimonion* war es wohl auch, was die Anklageschrift meinte, als sie ihm vorwarf, er führe neue Götter ein. Er legitimiert sich so, dass die Rede vom *Daimonion* im Grunde eine frömmere und klügere Art sei, von den Göttern zu sprechen, als die Rede von Weissagungen oder gar Vogelstimmen, Blitzen und anderen Vorzeichen der Wahrsagekunst. Dazu muss man wissen, dass entsprechende kultische Handlungen von den damaligen Athenern bei allen wichtigen Entscheidungen vollzogen und außerordentlich ernst genommen wurden. Xenophon ermüdet den Leser in seinen Kriegsberichten immer wieder mit ausführlichen Schilderungen darüber, wie vor jeder Aktion geopfert und aus dem Opfer auf den möglichen Erfolg geschlossen wurde. Xenophon allerdings hatte sich schon insoweit von den Priestern dieses Kultes emanzipiert, als er in seiner Funktion als militärischer Führer darauf bestand, die Zeichen selbst zu deuten und deuten zu können, um dies nicht irgendwelchen Experten zu überlassen.

Eine der größten Niederlagen Athens, nämlich der Untergang der Expeditionsarmee in Sizilien im Jahre 413 v. Chr., wird von aufgeklärten Historikern auf die unerklärliche Entschlusslosigkeit und das zu lange Zögern zurückgeführt. Historiker, die die Bedeutung jenes Hokuspokus der Vorzeichen ernster nehmen, sehen dort den wesentlichen Grund. Hören wir dazu die Schilderung von Fustel de Coulanges:

»Man kann Syrakus nicht einnehmen, und nach schweren Verlusten muss man sich zur Rückkehr nach Athen entschließen. Nikias bereitet seine Flotte auf die Heimkehr vor – noch ist das Meer frei. Doch plötzlich tritt eine Mondfinsternis ein. Er befragt seinen Wahrsager, der ihm antwortet, dass dieses Zeichen Unglück bedeute und man dreimal neun Tage warten müsse. Nikias gehorcht: Die ganze Zeit verbringt er in Untätigkeit, ständig Opfer darbringend, um den Zorn der Götter zu beschwichtigen. Derweil schließen die Feinde den Hafen und zerstören die Flotte. Es bleibt nichts anderes übrig, als den Rückzug zu Lande anzutreten, ein hoffnungsloses Unterfangen: Weder er noch irgendeiner seiner Krieger entkommt den Syrakusanern. Was sagten die Athener, als sie von der Katastrophe erfuhren? Sie kannten den persönlichen Mut und die bewunderswerte Standhaftigkeit des Nikias. Sie dachten auch nicht daran, ihn dafür zu tadeln, dass er die Gebote der Religion befolgt hatte. Sie machten ihm nur eines zum Vorwurf, nämlich, dass er einen unfähigen Wahrsager mitgenommen hatte. Denn der Wahrsager hatte sich über die Bedeutung der Mondfinsternis getäuscht; er hätte wissen müssen, dass der Mond, der sein Licht verbirgt, für eine Armee, die den Rückzug antreten will, ein günstiges Vorzeichen ist.«[45]

Paul Veyne hat sich die Frage gestellt, ob die Griechen an ihre Mythen glaubten. Denn wie kann man halb glauben oder an Dinge, die in sich widerprüchlich sind? Seine Antwort war, dass das keine Frage des Glaubens im heutigen Sinne war. »Sie waren keine Fälscher, und böse Absichten hatten sie auch nicht. Sie befolgten die damals übliche Methode, um zu Wahrheiten zu gelangen.«[46] Auch wir halten ja vorläufigerweise immer nur den letzten Stand der Forschung für wahr. Also den Stand, den unsere Kultur produziert. Und glauben wir nicht auch, in der Politik wie in der Psychoanalyse, ständig an die widersprüchlichsten Dinge? Bei den Griechen war das nicht anders, und die seltsamen Methoden der Vorzeichendeutung entsprachen den damaligen Prognosemöglichkeiten. Wie weit dies immer ernst war, und wie weit nicht einige besonders abgebrühte Politiker oder Priester auch mit diesen Dingen gespielt oder sie geschickt ausgenutzt haben: darüber kann man sich immer wieder von neuem streiten. Das *Daimonion* des Sokrates war demgegenüber ein aufgeklärter, also unsichtbarer Gott und als seine innere Stimme noch weniger überprüfbar als jene äußeren Anzeichen, die wenigstens teilweise der empirischen Überprüfbarkeit unterlagen. Es verkörperte sozusagen das störrische Potential der Individualität.

Welche politischen Ideen und Vorstellungen hatte Sokrates? Das politische Programm, das er in seiner Verteidigungsrede entwickelt, sieht vollkommen anders aus als die aktive Staatskonstruktion in der *Politeia* und den *Gesetzen*. Es ist vor allem sehr viel bescheidener. Er hat sich von der Athener Politik weitgehend ferngehalten. Nur so hat er seiner Ansicht nach überhaupt so alt werden können. Das *Daimonion*, die innere Stimme war es, die ihn mit gutem Grund von der Politik abhielt: »Je früher ich mich darauf eingelassen hätte, Politik zu treiben, desto eher wäre ich auch zu Tode gekommen (...). Und nehmt mir's nicht übel, wenn ich euch die Wahrheit sage: Kein Mensch ist seines Lebens noch sicher, der euch oder sonst einer Volksmenge offen entgegentritt und die zahlreichen Verstöße zu verhindern sucht, die der Polis wegen gegen Recht und Gesetz begangen werden – wer sich ernstlich für die Gerechtigkeit einsetzen will, muss unbedingt, wenn er auch nur kurze Zeit am Leben bleiben möchte, als Privatmann auftreten, nicht als Politiker.« (Platon, Apologie, 31d/e) Dies weist voraus auf die hellenistische Philosophie des Epikur, wo das gute Leben angesichts der Weltwirren nicht mehr in der Öffentlichkeit, sondern nur noch in der Zurückgezogenheit des Gartens möglich ist.

Sokrates war durch praktische Erfahrungen zu dieser Position gekommen. Einer der größten Justizskandale Athens ereignete sich im Herbst 406, dem Monat, als er zu den fünfzig Prytanen, den diensttuenden Ratsherren gehörte. Diese hatten die Aufgabe der Antragsvorbereitung und Diskussionsstrukturierung. Die Athener Strategen hatten die Seeschlacht bei den Arginusen gewonnen, es jedoch versäumt, die Opfer von den eigenen zwölf im Meer versinkenden Schiffen zu retten, so dass es zu hohen Verlusten gekommen war. Sie begründeten das mit einem heraufziehenden Sturm. In der erhitzen Stimmung jener Versammlung und unter dem Druck der demonstativ trauernden Angehörigen der Opfer wurde ihnen aber nicht die ihnen zustehende Redezeit gewährt. Sokrates protestierte gegen das Verfahren, weil eine Kollektivverurteilung nach athenischem Recht unzulässig war und jeder Einzelfall hätte gesondert geprüft werden müssen. Er wäre beinahe selbst verhaftet und abgeführt worden. Die sechs Strategen (zwei weitere waren geflüchtet) wurden zum Tode verurteilt und hingerichtet. Den Fortgang berichtet Xenophon: »Kurze Zeit später gereute es die Athener, und sie beschlossen, diejenigen, welche das Volk getäuscht hatten, zu einer Voruntersuchung vor die Volksversammlung zu laden.« (Xenophon, Hellenika, I, 7)

Die damalige Athenische Demokratie war kein Rechtsstaat im heutigen Sinne mit Berufungsinstanzen. Die Mehrheit des Volksgerichts entschied. Es bestand aus 501 athenischen Bürgern, die durch Los ermittelt worden waren. Im Fall des Prozesses gegen Sokrates ist uns sogar das Abstimmungsverhältnis überliefert.[47] 281 stimmten für schuldig. Hätten nur 30 anders gestimmt, wäre Sokrates freigesprochen worden. In der zweiten Abstimmung jedoch, als es um das Strafmaß ging, fiel die Mehrheit sehr viel deutlicher gegen ihn aus, nämlich mit 361 gegen 140. Das ist darauf zurückzuführen, dass der Gegenantrag, den Sokrates zum Strafmaß stellen durfte, derart als Provokation empfunden wurde, dass einige, die vorher für »unschuldig« gestimmt hatten, nunmehr für das Todesurteil waren. Sokrates begann seinen Antrag damit, dass er für seine Leistungen eigentlich einen Preis der Stadt Athen erhalten müsste, nämlich einen Freitisch im Prytaneion, dem Amtsgebäude, wo die Ehrengäste des Staates, Olympiasieger und ähnliche speisten. Hierzu muss man wissen, dass nicht die Richter das Strafmaß festlegten, was bei einer Versammlung von 501 Personen nicht gut möglich gewesen wäre. Das einzige hier denkbare Verfahren waren Anträge der Kläger und des Beklagten, über die dann abgestimmt werden konnte.

9. Kriton: Gilt der Gesellschaftsvertrag auch für den, der zum Tode verurteilt ist?

»Ein Vertrag, sich nicht mit Gewalt gegen Gewalt zu verteidigen, ist immer nichtig. Denn (...) niemand kann sein Recht, sich vor Tod, Verletzung und Gefangenschaft zu bewahren, übertragen oder darauf verzichten. (...) Die Wahrheit dieser Behauptung geben alle Menschen dadurch zu, dass sie die Verbrecher zur Hinrichtung und ins Gefängnis durch Bewaffnete führen lassen, ungeachtet dessen, dass diese Verbrecher dem Gesetz, auf Grund dessen sie verurteilt worden sind, selbst zugestimmt haben.«
(Thomas Hobbes, *Leviathan*, I, 14)

Normalerweise wurde gleich im Anschluss an die Gerichtsentscheidung das Todesurteil vollzogen. Im Falle des Sokrates gab es einen Aufschub von etwa 30 Tagen. Hinrichtungen waren verboten, solange das athenische Staatsschiff noch nicht von seiner Reise zum jährlichen Festzug in Delos zurück war. Zufällig war dieses Schiff einen Tag vor Prozessbeginn abgefahren. Die Fahrt hatte wegen widriger Winde im Jahre 399 ungewöhnlich lange gedauert, was die Schüler des Sokrates benutzten, ihn täglich im Gefängnis zu besuchen. Das ist die Ausgangssituation des Dialogs mit Kriton. Sokrates wird sterben müssen, sobald das Schiff eintrifft. Kriton hat gehört, dass das Schiff schon bei Kap Sunion gesehen worden sei. Er besucht Sokrates am frühen Morgen, nachdem er den Gefängniswärter bestochen hat, um ihm die Flucht zu ermöglichen.

Die Situation ist also dramatisch zugespitzt: Kriton drängt auf Eile, Sokrates jedoch will die Argumente abwägen, die für und gegen eine Flucht sprechen. Dagegen sprechen persönliche und politische Gründe. Die persönlichen, dass er mit Siebzig schon zu alt für ein Leben im Exil sei, sollen in unserem Zusammenhang gegenüber den politischen zurückstehen. Die politische Argumentation ist außerordentlich interessant, weil es sich um die frühe Fassung einer politischen Vertragstheorie handelt. Vertragsdenken soll schon beim Sophisten Lykophron, einem Schüler des Gorgias eine Rolle gespielt haben. Das wird uns in den Fragmenten der Vorsokratiker als allgemeine Erkenntnis überliefert – allerdings fehlt ein diesbezügliches Fragment.[48] Wenn wir vom alttestamentarischen Bund absehen, liegt deshalb im *Kriton* das erste durchargumentierte Vertragsmodell vor.

Sokrates formuliert das Problem in die Frage um, ob es gerecht ist, wenn er gegen den Willen der Athener handelt und aus dem Gefängnis flüchtet. Das Urteil gegen ihn mag unrechtmäßig und falsch gewesen sein, das spielt aber jetzt keine Rolle. Wenn nämlich jeder Privatmann sich das Recht anmaßt, ein Urteil ungültig zu machen und umzustoßen, dann kann der Staat nicht weiterbestehen, weil dann einmal gefällte Urteile keine Kraft mehr besitzen. Entscheidungen müssen aber nach Athener Recht bestehen bleiben. Er, Sokrates, hat sich freiwillig diesem Athener Recht unterworfen, denn er ist dort aufgewachsen, hat dort gelebt und alle Vorteile in Anspruch genommen. Der Preis dafür ist, im Krieg wie vor Gericht »überall entweder das zu tun, was der Staat und das Vaterland befehlen, oder es in gehöriger Weise eines Besseren zu belehren. Es ist aber nicht erlaubt, weder der Mutter noch dem Vater und noch viel weniger dem Vaterland Gewalt anzutun.« (Platon, Kriton, 51c)

Es war jedem Athener, der mit etwa 20 Jahren in die Bürgerliste aufgenommen wurde und vorher in die Verhältnisse der

Stadt eingeführt worden war, ausdrücklich freigestellt, seine Habe zu nehmen und fortzuziehen, wohin er wollte. Er konnte in eine Kolonie gehen oder an einen anderen Ort. Wenn er aber blieb, dann erklärte er sich durch seine Handlung damit einverstanden, alles zu tun, was die Gesetze befahlen. Es ist die Figur des impliziten Vertrages, die hier offengelegt wird. Danach ist es Unrecht, den Gesetzen des eigenen Landes nicht zu folgen, obwohl man zu einem früheren Zeitpunkt einmal die Wahl hatte. Wenn das Gericht etwas tut, was nicht gut ist, hat er nur die Möglichkeit, es zu überzeugen oder ihm zu gehorchen. Die erste Möglichkeit war ihm in seiner Verteidigungsrede gewährt worden.

Für Sokrates mussten diese Überlegungen in besonderem Maße gelten. Es hat ihm in Athen so ausnehmend gut gefallen, dass er die Stadt nur während seines Kriegsdienstes verlassen hat, ansonsten aber weder zu Reisen und nicht einmal zu Festspielen und ähnlichen Anlässen. Noch nach dem Schuldspruch hätte er als Strafe die Verbannung für sich beantragen können. Aus diesem Grund hat er nicht das Recht, unbekümmert um die Verträge und Verpflichtungen, die er gegenüber den Gesetzen der Stadt eingegangen ist, davonzulaufen. Platon lässt die Gesetze selbst sprechen: »Du konntest das im Verlaufe der siebzig Jahre tun, in denen du hättest auswandern können, wenn wir dir nicht gefielen, oder wenn dir unsere Vereinbarungen ungerecht schienen. Du aber zogest weder Lakedaimon noch Kreta vor, deren gute Verwaltung du doch immer wieder rühmst, noch irgendeine andere Griechen- oder Barbarenstadt, sondern du gingest sogar seltener von hier fort als die Lahmen und Blinden und die anderen Krüppel. So viel mehr als den übrigen Athenern gefiel dir die Stadt und offenbar auch wir, die Gesetze. Denn wem könnte eine Stadt gefallen, nicht aber ihre Gesetze?« (Platon, Kriton, 52e/53a)

In Nachbarstädten mit ähnlicher Rechtsordnung wie Theben und Megara würde er verdächtig erscheinen und als Feind ihrer Verfassung aufgenommen werden. In seinen Richtern würde er das Bewusstsein stärken, dass sie ihn zu Recht verurteilt hätten. Würde er aber nach Thessalien fliehen, würde er in ein Land voll Ungesetzlichkeit und Unordnung kommen und vielleicht sogar die Leute mit der Erzählung erheitern können, auf wie komische Weise er aus dem Gefängnis geflohen sei, womöglich mit einem Tierfell behängt oder in einer anderen Verkleidung. Andere aber würden fragen, warum er sich als so alter Mann noch so gierig an das Leben hänge, und er würde sein weiteres Leben in knechtischer Unterwürfigkeit den dortigen Leuten gegenüber zubringen müssen. Wenn er aber auf die Flucht verzichtet, dann stirbt er als ein Mann, dem Unrecht geschehen ist – nicht von den Gesetzen, sondern von den Menschen (Platon, Kriton, 54c). Diesen Argumenten hat Kriton nichts entgegenzusetzen.

Zwingend ist diese Position nicht. Thomas Hobbes hat immer betont, dass die vertragliche Verpflichtung nicht so weit reicht, dass der zum Tode Verurteilte nicht, wenn er könne, fliehen dürfe. In unserem heutigen Recht ist die Flucht aus dem Gefängnis als solche straffrei. Bestraft werden allerdings können damit in Verbindung stehende Delikte, wie zum Beispiel Beamtenbestechung, Sprengung der Gefängnismauer, Autodiebstahl, Nötigung, Geiselnahme usw.

Das Vertragsdenken in seiner Frühzeit wird gleich aufs äußerste zugespitzt: Der Vertrag verpflichtet dazu, ein offenkundig ungerechtes Todesurteil zu akzeptieren, weil das Entscheidungsrecht darüber der politischen Gemeinschaft übertragen worden ist. Die subjektive Privatmeinung behält zwar ihre Geltung: Sokrates und Kriton und alle ihre Freunde und Anhänger sind sich mit guten Gründen einig, dass das Urteil ein Unrecht ist. Aber faktisch und damit objektiv ist es zu respektieren, weil man sonst selbst ein Unrecht begehen würde. Unrecht tun aber ist schlimmer als Unrecht leiden. Verglichen mit den heutigen gemütvollen Vertragstheorien, bei denen es im Grunde nur noch um Verteilungsnormen geht, ist dies die konsequenteste Variante. Der Gesellschaftsvertrag, wie er hier gedacht wird, ist härter, klarer und konsequenter als Fausts Pakt mit dem Teufel, weil es dort letztlich immer noch den Ausweg gibt: Wer immer strebend sich bemüht, den können wir erlösen. Hier gibt es nur die äußerste Konsequenz.

In dieser Darstellung erscheint Sokrates kaum noch als Mensch, sondern als Prinzipienreiter, der auch die äußerste Konsequenz für die eigene Person in Kauf zu nehmen bereit ist, wenn sie nun einmal aus seiner Lehre sich ergibt. Xenophon, der Pragmatiker (weshalb Platon ihn wohl für einen Flachkopf hielt), hat mit dieser Stilisierung des Sokrates nicht leben können und eine andere Deutung vorgeschlagen. Seiner Ansicht nach ist Sokrates deshalb mit solcher Großsprecherei (ja, dieses Wort verwendet er: μεγαληγορία, megalegoria) vor dem Volksgericht aufgetreten, weil er sterben wollte. Da er diese Interpretation für gewagt hält, beruft er sich darauf, dass auch andere die stolze und erhabene Art seines Redens vor dem Gericht festgestellt haben. Xenophon selbst war zur Zeit des Prozesses nicht in Athen, sondern hatte gerade den Zug der Zehntausend durch das persische Reich überstanden. Er beruft sich auf das Zeugnis des Sokrates-Anhängers Hermogenes, der Sokrates bedrängte, seine Verteidigung doch besser vorzubereiten. Sokrates soll ihm geantwortet haben:

»Wenn jetzt aber das Leben weitergeht, dann werden sich, das weiß ich, notwendigerweise die Folgen des Alters einstellen, ich werde schlechter sehen, weniger gut hören, schwerer lernen, und was ich lerne, schneller vergessen. (...) Vielleicht meint es der Gott sogar gut mit mir, wenn er mein Leben zur richtigen Zeit und auf die leichteste Weise beendet. Denn wenn ich verurteilt werde, werde ich offenbar ein Ende finden, das von den Sachverständigen für das leichteste gehalten wird und niemandem viel Mühe macht. Solch ein Tod weckt in den Herzen der Freunde die meiste Sehnsucht nach dem Toten, denn es bleibt keine hässliche oder unangenehme Erinnerung bei denen zurück, die ihm nahestanden. Er stirbt bei gesundem Körper und mit einer Seele, die keinen Groll, sondern nur freundliche Gedanken hegt. Muss ein solcher Tod nicht willkommen sein?«[49]

Als Apollodoros, der ein glühender Verehrer des Sokrates, »sonst aber dumm war«, es vor allen Dingen empörend fand, dass Sokrates unschuldig sterben müsse, war dessen Trost: »Möchtest du mich denn lieber schuldig als unschuldig sterben sehen, mein lieber Apollodoros?«[50]

Dieses Sterben *comme philosophe*, wie es dann in der Aufklärung hieß, war offen für die ganze Bandbreite der Interpretationen von diesem pragmatischen Heroismus bis hin zum Vertragsfundamentalismus im *Kriton*. Auch in der xenophontischen Gestalt verliert diese Haltung nur wenig von ihrer Souveränität.

Der Dialog mit Kriton beweist, dass Sokrates sich außerhalb der Politik stellte, aber sich ihr unterordnete. Platon ordnete sich ihr über. Der platonische und in diesem Punkt auch der aristotelische Weg bedeutete die »Degradierung der Politik von der Philosophie her«[51] und hing eng mit der Unterscheidung der Vielen und der Wenigen, also dem elitären Bewusstsein zusammen, das Sokrates noch ganz fremd war. Er stammte aus einfachen Verhältnissen und war Zeit seines Lebens arm, auch wenn er mit den Athener Berühmtheiten seiner Zeit wie Alkibiades, Kritias und den Reichen wie Kephalos in ständigem Kontakt stand. Platon dagegen gehörte zu dieser Oberklasse. Epikur soll ihn einer nicht sehr sicheren Quelle zufolge als »Goldjungen« bezeichnet haben. (Diogenes Laertius, X, 8) Sein Kontakt mit dem Herrscherhaus in Syrakus war nicht der eines einfachen Gesprächspartners auf dem Marktplatz, wo man kommen und gehen konnte, wann man wollte, sondern der des Erziehers und Beraters, der seinerseits mit hohen und höchsten Ansprüchen auftrat. Später war er das weltberühmte Haupt einer Philosophenschule, ein König im Reiche des Geistes. Aristoteles, dessen Lehre im folgenden Kapitel zu behandeln ist, war ebenfalls berühmt genug, um als Fürstenerzieher am makedonischen Hof angestellt zu werden.

10. Aristoteles: Die Verwissenschaftlichung des Politischen

Pluralistische Kritik am platonischen Einheitsstaat

Sokrates:
»Du darfst also die Jungen nicht zwangsweise in den Wissenschaften unterrichten, sondern spielend sollen sie lernen.«
(Platon, *Politeia*, 536e)

Aristoteles:
»Beim Lernen spielt man nicht. Lernen tut weh.«
(Aristoteles, *Politik*, 1339a)

Das systematische Werk des Aristoteles (384-322 v. Chr.) über die Politik ist weniger als Platons Staat beachtet worden. Zu kühl, zu sachlich, zu umständlich, aber auch zu anspruchsvoll in den vielen in messerharter Kürze vorgetragenen Syllogismen. Platon dagegen hatte ein Kultbuch der politischen Philosophie[52] geschrieben. Vor allem auch wegen seiner literarischen Qualität hat es eine so immense und bleibende Wirkung haben können. In der Antike hat dieser Aristoteles-Text kaum gewirkt, weil man sich lieber an seine heute verlorenen Dialoge und andere veröffentlichten Werke hielt, nicht jedoch an diese Lehr- und Vorlesungstexte. Erst mit dem 12. Jh. wurden seine Werke in Europa wieder bekannt. Bei Thomas von Aquin und Marsilius von Padua wird *»Ta Politika«* (τὰ πολιτικά, wörtlich: Die politischen Dinge) dann zum maßgeblichen Text der *scientia politica*, der politischen Wissenschaft und bleibt dies bis zum Neuansatz der neuzeitlichen Theorie mit Niccolò Macchiavelli und Thomas Hobbes.

Zentral im aristotelischen Werk ist seine grundlegende Platon-Kritik. Da der Staat eine Gemeinschaft ist, muss systematisch geklärt werden, ob alle Bürger an allem gemeinschaftlichen Anteil haben sollen oder aber nur an einigen Dingen, an anderen dagegen nicht. Die dritte Möglichkeit, dass sie nichts gemeinsam hätten, scheidet aus, weil dann eine Staatsbildung offenkundig nicht denkbar wäre. Die Extremposition, dass alle alles gemeinsam besitzen sollen, hat Platon in der *Politeia* entwickelt, denn er hat die Gemeinsamkeit von Kindern, Frauen und Besitz postuliert. Aristoteles setzt dagegen eine pluralistische Staatstheorie: Ein Staat ist seinem Wesen nach eine Vielheit. »Wenn er aber immer mehr einer wird, wird aus dem Staat ein Haus und aus dem Haus ein Einzelmensch.« (Aristoteles, Politik, 1261a) Das jedoch darf man nicht verwirklichen, selbst wenn jemand die Macht hätte, es zu tun. Der Staat besteht nämlich aus einer Vielheit von unterschiedlichen Menschen. Sie sind nicht gleichartig und dürfen auch nicht durch Zwang vereinheitlicht werden. Dann würde nämlich der Staat beseitigt.

Aristoteles warnt davor, den Staat lediglich als eine Art größere Hausgemeinschaft zu betrachten, wie das in vielen despotischen politischen Konzeptionen geschieht. *Despotes* (δεσπότης) nämlich ist das Wort für den Hausherrn und den Eigentümer, den Besitzer, den umumschränkten Herrscher. In der gesamten Antike war der Hausherr eine patriarchalische Gestalt mit der Herrschaftsgewalt über alle Hausbewohner und eignete sich deshalb als leicht fassliches Bild und Modell für die Zentralgewalt. Aristoteles jedoch sieht eine grundlegende Differenz zwischen der häuslichen und der politischen Sphäre. Das eigentlich Politische, nämlich die Koordination der Pluralität, wäre dann ausgeschlossen. Ein zweites Argument kommt hinzu: Das der *Autarkie*, der Selbstgenügsamkeit. Autarkie bedeutet, dass alles vorhanden sein muss und nichts vermisst wird. Aristoteles verwendet diesen Begriff so, dass das Haus selbstgenügsamer ist als der Einzelne, weil es nämlich über mehr einander ergänzende Ressourcen verfügt, und der Staat selbstgenügsamer als das Haus. Es handelt sich um graduelle, aber wesentliche Differenzen. Größere Autarkie ist aber nur möglich bei geringerer Einheitlichkeit. Da sie das wählenswertere Ziel ist, ist damit bewiesen, dass die Pluralität der Homogenität vorzuziehen ist. Dieses Argument aus der Pluralität ist das Grundsätzlichste, was gegen das Gemeineigentum überhaupt vorgebracht werden kann.

Das zweite Argument spürt einen logischen Fehlschluss im platonischen Kommunismus auf, nach dem alle von allem zugleich sagen, es gehöre ihnen und doch nicht ihnen. »Denn das, was den meisten gemeinsam ist, erfährt am wenigsten Obsorge. Die Leute kümmern sich nämlich um das Eigene am meisten, um das Gemeinsame weniger oder doch nur, sofern es den Einzelnen angeht.« (Aristoteles, Politik, 1261b). Das Eigene und das was man liebt, ist das, für das die Menschen am meisten sorgen. Genau das aber ist in Platons Staat ausgeschlossen. Er glaubt, dadurch die Ursachen von Zwietracht, Neid und Hass beseitigen zu können. Darin irrt er aber. »Denn weil in den Genüssen und in den Arbeiten nicht alle gleich sind, sondern vielmehr ungleich, ergeben sich notwendigerweise Anklagen bei denen, die weniger erhalten, doch mehr arbeiten, denen gegenüber, die genießen oder viel erhalten, aber wenig arbeiten.« (Aristoteles, Politik, 1263a) Sein Gegenvorschlag ist, dass das Gute wohl in einer Kombination von Privat- und Gemeinbesitz bestehen wird. Generell soll jeder seinen Privatbesitz haben, die Gesellschaft soll jedoch so organisiert sein, dass er bereit ist, daran andere teilhaben zu lassen.

Weitere Vorwürfe richten sich gegen die ständestaatliche Aufteilung des platonischen Idealstaats. Wenn die Bauern und Handwerker aus der Leitung ausgeschlossen werden, dann werden die Wächter eine Art Besatzungsmacht sein müssen. Sie wären eine Gruppe von vielleicht fünftausend Nichtstuern, die von den übrigen ernährt werden müssten. Hinzu kämen weitere vielfache Mengen von Frauen und Dienern. (Aristoteles übersieht hier die Gleichstellung der Frauen in Platons Modell). Dazu bedürfte es eines riesigen Landes, vielleicht von der Größe Babyloniens. Das aber wäre unmöglich. Es sei zwar erlaubt, theoretisch Voraussetzungen zu entwerfen, wie man sie für ein Staatsmodell benötigt. Der Konstruktivismus darf aber nicht so beliebig verfahren, dass er sich verselbständigt und in den Bereich des Unmöglichen hinausgreift. Vor allem muss auch die außenpolitische Dimension berücksichtigt werden, denn ein solcher Staat müsste ja unter Nachbarstaaten leben und mit ihnen zurechtkommen. Das Hauptproblem liegt jedoch in der innenpolitischen Ungleichheit: »Es ist aber unmöglich, dass der gesamte Staat glücklich sei, wenn nicht alle, oder die meisten, oder wenigstens einige Teile über Glückseligkeit verfügen.« (Aristoteles, Politik 1264b).

Diese Kritik deckt sich mit der späteren des politischen Realisten Polybios, der meinte, Platons Staat müsse aus dem Wettbewerb um die beste Verfassung ausscheiden, so wie auch Schauspieler nicht auftreten dürfen, die keine Zulassung haben, und Athleten nicht an Wettkämpfen teilnehmen dürfen, die nicht trainiert haben. Denn so schön die künstlerische Ausführung auch sein mag, sie ist bloß ausgedacht und wird deshalb im Vergleich mit realen Verfassungen immer leblos und unzulänglich erscheinen. (Polybios, VI 47, 10)

Die Grundsätzlichkeit und Schärfe dieser Kritik macht klar, dass Aristoteles nicht einfach der Konstruktion Platons seine eigene Konstruktion entgegensetzen will. Dann würde einfach nur ein Planungsmodell gegen das andere stehen. Seine Methode ist vielmehr vollkommen anders. Er lehnt den Weg der Konstruktion eines Idealstaats ab. Dagegen setzt er den Weg der Analyse, welche Funktionen der Staat wirklich hat.

Er nimmt als Ausgangspunkt seiner Analyse, dass Politik einer Gemeinschaft als Grundlage bedürfe. Dies hat Aristoteles in seinem berühmten Anfangssatz der *Politik* formuliert, demzufolge »jeder Staat uns als eine Gemeinschaft (κοινωνία, *koinonía*) entgegentritt und jede Gemeinschaft als eine menschliche Einrichtung, die ein bestimmtes Gut verfolgt [...]« (Aristoteles, Politik, 1252a). In dieser Frühversion des politischen Denkens sind Gemeinschaft und Gesellschaft noch nicht ausdifferenziert.[53] Systematisch hat dies erst Ferdinand Tönnies getan, der zwischen der stark gefühlsmäßig getragenen Vergemeinschaftung und der rational durchstrukturierten Gesellschaft unterschied. Das Gut, welches jeder Staat verfolgt, ist das gute Leben, das in Glück, Selbstgenügsamkeit und Tugend besteht. Wesen und Zweck des Staates wird also normativ bestimmt. Jeder verfolgt irgendein Gut als individuelles Ziel. Die staatliche Gemeinschaft soll all diese Ziele umfassen, in diesem Sinne also das höchste Ziel oder das allervornehmste Gut anstreben. Eine vertragstheoretische Definition des Staatszwecks lehnt Aristoteles dagegen ab. Ausdrücklich setzt er sich von der Vertragskonzeption des Sophisten Lykophron ab. Ein Staat kann kein bloßer vertragsmäßiger Zusammenschluss sein. Andernfalls könnte man auch zwei Städte zusammenrücken, wie zum Beispiel die nur ca. 30 km auseinanderliegenden Städte

Korinth und Megara, so dass sich die Mauern berühren. Genau dies ist nicht möglich, weil das noch keineswegs einen Staat ergeben würde. Jedenfalls dann nicht, wenn sie zwar zusammenleben würden, aber eben nur auf Vertragsbasis miteinander verkehren würden, also nur einander kein Unrecht zufügen würden. Es muss mehr hinzukommen, nämlich die wirkliche Gemeinschaft und Freundschaft. Eine bloße Gemeinschaft des Ortes reicht dazu nicht aus. Sie ist zwar eine notwendige, aber keine hinreichende Bedingung. Ohne Gemeinschaft des Ortes geht es nämlich genauso wenig, d.h. bloße Eheverträge zwischen entfernten Städten reichen noch nicht aus, um eine Gemeinschaft zu bilden. Ein wirklicher Staat würde erst entstehen als Gemeinschaft des guten Lebens sowohl für die Gebäude und für die Geschlechter um eines vollendeten und selbstgenügsamen Lebens willen. (Aristoteles, Politik, 1280b)

Dann ergeben sich »Verwandtschaften, Kultvereinigungen, Opferfeste und gesellige Verbände« (Aristoteles, Politik, 1280b) als Folge des Miteinanderlebens und der Freundschaft untereinander. Die grundlegende Ursache ist das *Telos* des glücklichen und tugendhaften Lebens. Man wird dieser aristotelischen Überlegung möglicherweise am ehesten gerecht, wenn man sie in die Sprache Hegels übersetzt. Der Not- und Verstandesstaat des Vertragsdenkens ist unzulänglich. Der eigentliche Staat ist die Wirklichkeit der sittlichen Idee. Es geht in diesem aristotelischen Denken um die legitimierende Begründung der Staatsbildung aus dem Ziel, dem *Telos* (τέλος) heraus. Dieses Ziel wird in Begriffen der Vollkommenheit dargestellt. Die Sprachform, in die sowohl Aristoteles als auch Hegel diese Überlegung kleiden, wirkt wegen des darin eingeschlossenen Perfektionismus heute fremdartig. Viele moderne Politiktheoretiker pflegen sich deshalb als erstes von dem aristotelischen Normativismus und Zieldenken abzusetzen. Zugleich schließen sie sich gern an seinen gegen die hochfliegenden Konstruktionen Platons gerichteten Empirismus an. Diese Seltsamkeit verdient einen Exkurs.

Exkurs: Die aristotelische Methodik als normativ-empirische Doublette

Die Theorie des Aristoteles ist nämlich der interessante Fall dessen, was man mit einer an Michel Foucault angelehnten Formel als normativ-empirische Doublette kennzeichnen könnte[54]. Und dies in mehrfacher Hinsicht. Die rein deskriptiven empirischen Teile in seinem Gesamtwerk sind sehr hoch. Er hat (wohl unterstützt durch seine Mitarbeiter) 158 damalige Verfassungen beschrieben. Unter Verfassungen sind nicht die Verfassungstexte im heutigen Sinne zu verstehen, sondern es handelt sich um analytische wie historische Beschreibungen des politischen Systems der jeweiligen Staaten. Aristoteles verwendet also den Realbegriff der Verfassung statt des bloßen Textbegriffs der geschriebenen Verfassung. Er kann mit diesem Werk als Begründer der heutigen vergleichenden Regierungslehre gelten. Allerdings ist er mit seinem Blick für die sozialen Grundlagen und die historische Gewordenheit politischer Systeme weit über die meisten heutigen Veröffentlichungen hinausgegangen. Wir wissen das aus dem einzigen überlieferten Text aus diesen 158 Darstellungen, der *Athenaíon politieía*, seiner Darstellung von Geschichte und Struktur des politischen Systems in Athen.

In seiner *Politik* geht er über die Deskription hinaus und versucht, zu einer systematischen begrifflichen Analyse zu kommen. Da alles nach etwas strebt, alles ein Ziel hat, so muss ein solches auch für die politische Gemeinschaft angegeben werden können. Da jeder das für sich Gute anstrebt und nicht etwa das Schlechte, wird man dies auch von der Gemeinschaft sagen können. Sie hat also als Telos einer zusammengesetzten Gemeinschaft das gute Leben anzunehmen. Da alles seiner Natur nach danach strebt, sich weiterzuentwickeln und eine Vollkommenheit zu erreichen, wird man dies auch von der Gemeinschaft sagen können. Dieses »von Natur aus« (*physei*, φύσει) ist die entscheidende Bestimmung. Es handelt sich um einen immanenten Bewegungsdrang der Dinge selbst, nicht um eine konstruktivistische Setzung des Intellekts.

Eine moderne wertfreie Sozialwissenschaft versucht sich von solchen Gedankengängen konsequent fernzuhalten. Es gibt keinen Grund, dieses Vollkommenheitsstreben, diesen Perfektionismus, für Kollektive anzunehmen. Es ist vielmehr wahrscheinlich, dass sich die verschiedenen Individualwillen in ihren Bestrebungen durchkreuzen, und dass sich als Gesamtprodukt etwas ergibt, was keiner gewollt hat und möglicherweise bei vernünftiger Überlegung auch keiner wollen würde. Deshalb wird der Versuch gemacht, kollektive Normativität grundsätzlich auszuschalten.

Ist dieser metaphysische Perfektionismus also nur eine durch den heutigen Fortschritt der Wissenschaft überholte rohe Frühgestalt des wissenschaftlichen Denkens? Die Denkfigur der normativ-empirischen Doublette lässt sich offenbar nicht so leicht aus einem theoretischen Denken ausschalten, wie viele das meinen. Sobald der Schritt über die Deskription hinaus zur systematischen Erklärung gemacht werden soll, kommen nämlich Normativismen ins Spiel. Das zeigt sich besonders deutlich am heutzutage einflussreichsten und auch faszinierendsten Modell, das von den Wirtschaftswissenschaften ausgehend derzeit das gesamte Feld der Sozialwissenschaften überrollt und inzwischen auch schon in die praktische Philosophie vorgedrungen ist. Die Theorie der rationalen Entscheidung, die *rational-choice*-Theorie, geht nämlich von dem seine eigenen Interessen klar erkennenden und rational verfolgenden Einzelnen aus. Dies ist eine idealisierende Annahme, die durch nichts gerechtfertigt ist als dadurch, dass nur auf diese Weise ein eindeutiges und stringentes Erklärungsmodell möglich ist. Anthony Downs, der Verfasser der berühmten *Ökonomischen Theorie der Demokratie* hat dieses methodologische Grundproblem in dankenswerter Schärfe und Klarheit formuliert: »Die Wirtschaftstheoretiker haben Entscheidungen fast immer so betrachtet, als würden sie von vollkommen rationalen Individuen getroffen. Irgendeine solche Voraussetzung ist notwendig, wenn man Verhalten voraussagen will. Denn Entscheidungen, die willkürlich getroffen werden oder miteinander in keinerlei Beziehung stehen, bilden keine erfassbare Ordnung. [...] A priori gibt es keinen Grund zu der Annahme, dass diese Ordnung rational ist. [...] Trotzdem ist die Wirtschaftstheorie auf der Voraussetzung aufgebaut worden, dass bewusste Rationalität vorherrscht [...]«[55].

Es muss also im Forschungprozess jeder einzelne so betrachtet werden, *als ob* er rational kalkulieren und entscheiden würde. Diese Definition wird dann auch auf das Agieren von politischen Gruppen, Parteien und Regierungen übertragen. Die Überlegungen, welche daraus abzuleiten sind, haben sich in der Tat als ungeheuer aufschlussreich und ergiebig erwiesen – obwohl das zugrundeliegende Modell auf nichts anderem als einer Ausgangsdefinition beruht. Wenn man auf derartige Erklärungsmodelle verzichtet, kann man nur unzusammenhängende Einzelphänomene aufzählen und beschreiben. Der Verallgemeinerungsanspruch, der Wissenschaft überhaupt erst ausmacht und sie von der Gelehrsamkeit und Kennerschaft unterscheidet, ist dann nicht aufrechtzuerhalten. Prognosen, die ja, wenn sie wissenschaftlich sein sollen, auf Gesetzmäßigkeiten basieren müssen, lassen sich aus der bloßen Deskription des Einzelnen nicht ableiten. Die Sozialwissenschaften werden aber in hohem Maße gerade wegen der prognostischen Erwartungen betrieben, die wir an sie richten.

Rationalität ist nun aber genauso eine normative Vorgabe und Grundannahme wie das Streben nach dem Guten oder nach der Vollkommenheit. Wir müssen in unserer Analyse dieses Problems allerdings noch einen Schritt weitergehen und den Begriff des Normativen in diesem Zusammenhang dekonstruieren. Aristoteles hatte nämlich keineswegs verlangt, der Einzelne und jede Gesellschaft sollte nach dem Guten streben. Seine Aussage war vielmehr, dass jeder dies von Natur aus, *physei*, tut. Es handelt sich um keine Forderung, sondern um eine Sachaussage, die als Grundannahme seiner Theorie angelegt ist, nicht anders als die Grundannahme der rationalen Verfolgung der eigenen Präferenzen in der *rational-choice*-Theorie.

Die Trennung des Normativen und des Empirischen war in der athenischen Philosophie jener Zeit nämlich noch keineswegs vollzogen. Jeder strebt von Natur aus nach dem für ihn Guten. Die Sophisten hatten dieses im Sinne der modernen Wirtschaftstheorie als sein Interesse definiert. Sokrates hatte es etwas anders definiert, nämlich kein Unrecht zu tun. In beiden Fällen aber als etwas Kognitives, etwas wissensmäßig Erkennbares und damit auch wissenschaftlich Messbares. Dieser Gedanke wird im platonischen Dialog *Protagoras* durchgespielt. Wenn man das Gute und das Schlechte als Lust und Schmerz definiert, und vor dem Problem steht, dass Menschen, offenbar überwältigt von Lüsten, das Schlechte tun, also die Unlust wählen, ganz gegen ihr eigenes Interesse, dann kommt es offenbar darauf an, genau und messbar zum Beispiel das kurzfristig Angenehme gegen das langfristig Schädliche abzuwägen. Wissenschaft ist hier deshalb erforderlich, weil die Alltagswahrnehmung in perspektivischer Verkürzung die weiter entfernt liegenden Spätfolgen unterschätzen und den unmittelbaren Nutzen überbewerten wird. Um dies kontrollierbar zu machen, muss also eine mathematische Messkunst eingeführt werden (Platon, Protagoras, 355 ff.).

Wenn aber das, was gut und richtig ist, unter Sachgesichtspunkten quasi mathematisch erkannt werden kann, dann gehört es dem gleichen Bereich wie jedes andere kognitive Wissen an. Fragen der Moral werden zu bloßen Wissensfragen. Wer schlecht handelt, handelt gegen das eigene Interesse. Das moralisch Schlechte ist auf diese Weise zur bloßen Unwissenheit geworden. Gegen diese hilft Aufklärung. Dieses Modell ist unzulänglich, weil es die Differenz zwischen dem Eigeninteresse und dem Interesse anderer oder dem Allgemeininteresse nicht zu reflektieren erlaubt. Absichtsvolle uneigennützige Bosheit ist dann nichts als Irrationalität. Kriminalität ist Unwissenheit über die langfristigen Folgen auch für einen selbst. Die Einwände der Sophisten, die auf den glücklich seine Beute genießenden Kriminellen verweisen, müssen überhört werden.

Diese rein kognitive Ethik musste zugunsten einer normativen Ethik aufgebrochen werden. Erst die Trennung von Sein und Sollen, von Wissenssphäre und Sphäre der moralischen Entscheidung konnte einen Ausweg aus den hier sich ergebenen Aporien aufzeigen. Diese Trennung ist die entscheidende Innovation moderner Ethik gegenüber dem antiken Denken. Die Theorie der rationalen Entscheidung ist aber das heute prominenteste Beispiel dafür, dass eine scheinbar rein wissensbasierte, mathematisierbare Handlungstheorie bis heute ihre Faszination nicht eingebüßt hat. Das Bedürfnis, scheinbar hilfloses Moralisieren durch sicheres Wissen zu ersetzen, hält auch noch das moderne Denken in Atem. Der Versuch, die Trennung von Sein und Sollen zu hintergehen, indem das Sollen scheinbar aufgegeben, in Wirklichkeit aber im Sein selbst versteckt wird, steckt in jeder modernen quasinaturwissenschaftlichen oder physikalischen (wegen des »von Natur aus«) Argumentation auf diesem Gebiet.

Am antiken Modell ist es, weil beide Elemente noch ungeschieden waren, offen und direkt, im Unverborgenen zu studieren. Wenn man bei den meisten modernen Entscheidungstheoretikern ein massives Desinteresse gegenüber der Antike feststellen muss, so handelt es sich gewiss auch um den Versuch, vor deren Problemen davonzulaufen und uns als das scheinbar Allerneueste Lösungen zu präsentieren, deren fragwürdige Struktur schon damals ausführlich diskutiert worden ist.

11. Xenophon: Fürstenspiegel, Exotismus und die Mühsal der Tyrannis

»Man wird ja nicht Tyrann, um nicht zu frieren.«
(Aristoteles, *Politik*, 1267a)

Xenophons Werke werden heute nur noch selten im Rahmen politischer Philosophie behandelt. Die Ursache dafür ist vor allem in seiner Schreibweise zu suchen, denn die behandelten Themen stimmen häufig in einer so auffallenden Weise mit den Themen Platons überein, dass sogar von einer schriftstellerischen Konkurrenz zwischen den beiden beinahe gleichaltrigen Autoren gesprochen werden kann. Platon jedoch zergliedert und analysiert die Probleme, während Xenophon narrative Verfahrensweisen anwendet. Er erzählt Geschichten, lässt Ansprachen und erbauliche Reden vortragen. Als Schullektüre war er wegen seines klaren und einfachen Griechisch in besonderem Maße beliebt. Schon in der Antike war er ein vielgelesener Autor. Cicero berichtet, dass Scipio Africanus, der Sieger gegen Karthago, Xenophons *Erziehung des Kyros* immer mit sich herumgetragen habe. Die Spuren dieses Werkes sind im übrigen in Machiavellis *Fürst* und in seinen *Discorsi* unübersehbar. Machiavelli zitiert Xenophon öfter als Platon und Aristoteles zusammen.[56]

Ein weiterer Grund kommt hinzu. Xenophons Ansichten sind zutiefst konservativ und militärisch geprägt. Er gehörte zu den entschiedensten ideologischen Verfechtern und Verherrlichern der spartanischen Ideen eines Militärstaates. Da ihm zudem die Brillanz Platons fehlt, wird er heute nicht mehr zu den wirklichen Klassikern gezählt, wenn man einmal davon absieht, dass jeder Autor, dessen Texte eine so lange Zeit unbeschadet überstanden haben, in gewisser Weise als Klassiker gelten kann. Xenophons Werke sind uns vollständig überliefert. Es ist sogar mehr überliefert als er geschrieben hat, denn zum Textkorpus gehört auch eine *Verfassung der Athener*, die nach einhelliger Forschermeinung von einem anderen Autor stammen muss. Dieser wird »Pseudo-Xenophon« und von einigen auch »Der alte Oligarch« genannt.

Für die Geschichte der politischen Philosophie ist Xenophon gleichwohl ein außerordentlich wichtiger Autor. Seine *Kyroupaideia (Kyrupädie)*, die »Erziehung des Kyros«, ist der erste uns bekannte Fürstenspiegel. Fürstenspiegel gelten seitdem als Schriften, die Regeln für das Verhalten von Herrschern zusammengestellt haben. Kyros der Ältere war von 559 bis 529 v. Chr. persischer König und hat Persien als damalige Großmacht überhaupt erst begründet. Er galt in der Antike als vorbildlicher und großzügiger Herrscher. Bis heute ist unvergessen, dass er es war, der die Rückkehr der gefangenen Juden aus Babylon erlaubte. Xenophons Lebensgeschichte des Kyros ist mehr ein Roman als ein Geschichtsbericht. Es geht in diesem Buch nicht so sehr um die Fakten, sondern vielmehr darum, das Modell eines vorbildlichen Autokraten zu präsentieren. Die eigentliche Kindheit und Erziehung des Kyros wird im ersten Buch abgehandelt. Viele Philologen haben deshalb darüber gerätselt, weshalb das gesamte Werk »Erziehung des Kyros« heißt. Die Antwort liegt jedoch auf der Hand: Der Genitiv hat im Griechischen wie im Deutschen eine doppelte Bedeutung. Er bezeichnet nicht nur die Erziehung, die Kyros als Kind und jungem Mann gegeben wird, sondern vor allem auch diejenige, die er selbst an seiner Umgebung, vor allem seinen Unterbefehlshabern, aber auch seinen Verbündeten ausübt.

Dieses Werk Xenophons besteht geradezu aus einer Aufeinanderfolge von Reden, in denen Kyros jeweils entwickelt, wie man sich auf eine Schlacht vorbereitet, wie man durch eigenes Vorbild führt, wie man gefährliche Gegner durch großzügige Gesten auf seine Seite bringt und wie man es schafft, ohne zunächst den Anschein zu erwecken, dass man sich selbst bereichern wolle, schließlich doch der reichste und mächtigste unter allen Fürsten zu sein. Kyros war ein kühler Machtpolitiker, ein Machiavellist, der diese Haltung jedoch auf eine Weise verkörperte, die ihm die breite Zustimmung derjenigen sicherte, auf die es ankam.

Kyros war Perser. Nach Xenophon war dieses Persien seiner Kindheit eine kleine konstitutionelle Monarchie, die verhältnismäßig rechtsstaatlich regiert wurde. Ein weniger erzwungener als vielmehr anerzogener Gehorsam gegenüber der Obrigkeit war der Zug, den Xenophon am meisten hervorgehoben hat. Wir müssen uns also eine Art idealisiertes orientalisches Sparta oder Preußen vorstellen. Die äußere Disziplin dieser Welt ging bis in kleine Dinge des Alltags hinein.

Über seine Mutter war Kyros zugleich mit dem medischen Königshaus verwandt und verlebte entscheidende Jugendjahre bei seinem Großvater an dessen Hof. Medien war eine typische orientalische Despotie. In Xenophons Darstellung verkörpert Persien eine wohlgeordnete Staatlichkeit mit einer recht asketisch lebenden politischen Führungsschicht, Medien dagegen die Welt des Luxus und der Laster für die Adligen, wie sie später, bei den Nachfolgern des Kyros, auch für die persischen Großkönige so charakteristisch wurde.

Die politische und vor allem militärische Leistung von Kyros bestand darin, die Tugenden und die Energie des alten persischen Systems zu nutzen, um sein Reich bis nach Babylon auszudehnen und sich zum dortigen Großkönig zu machen. Dort richtet er sich – in einer feindseligen, weil im Krieg geschlagenen Umgebung – im Königspalast ein, umgibt sich mit einer Leibwache und einem Spitzelnetz und wandelt die persische konstitutionelle Monarchie in eine orientalische Despotie um. Er schafft eine effiziente Verwaltung nach den Prinzipien der Delegation und der Hierachie, die Xenophon in allen Einzelheiten darlegt, was ganz offensichtlich von seinen antiken Lesern als gute Orientierungshilfe aufgefasst wurde.

Das Ideal Xenophons war ein soldatischer Herrscher, der selber die Truppen führte und auch selbst kämpfte, der vor allem asketisch und selbstdiszipliniert agierte. Bis hin zu Friedrich dem Großen und Fidel Castro hat dieses Modell seine Prägekraft behalten und musste vor allem die preußischen Studienräte des neunzehnten Jahrhunderts aufs höchste entzücken. Bemerkenswert ist der Schluss der *Kyroupädie*. Dort schildert Xenophon den Zerfall dieses Großreiches: »Doch als Kyros gestorben war, kam es sofort zu einem Zerwürfnis zwischen seinen Söhnen, trennten sich sofort Städte und Völker vom Reich, und alles entwickelte sich zum Schlechten hin.« (Xenophon, Kyrupädie, 8. Buch, VIII, 1) Das größte und schönste Reich Asiens verfiel binnen kurzem. Xenophon stellt dies vor allem als Sittenverfall dar: An die Stelle der persischen Erziehung und Abhärtung traten medische Kleidung und Luxus, Weichlicheit und übertriebene Essgelage. Fachleute erfinden unentwegt neue Genussmöglichkeiten, und sie erfinden immer neue Dienstleistungen. »Heute hingegen gibt es die Torwächter, Bäcker, Köche und Weinschenken, Bademeister, Servierer, Diener zum Abräumen der Tische, Helfer beim Schlafengehen, die sie eincremen, schminken und auch sonst noch zurechtmachen.« (Xenophon, Kyrupädie, 8. Buch, VIII, 20). Alle diese Kräfte sind offiziell als Reiter beim Hof angestellt, wären aber im Kriegsfalle als solche kaum einsatzfähig. Ein derartiges Reich wird deshalb bei einem entschlossenen Angriff von außen schnell untergehen.

Xenophon selbst war bei der Probe aufs Exempel dabei. In seiner schon mehrfach erwähnten *Anabasis*, dem Zug der Zehntausend, berichtet er, wie ein Namensvetter des Kyros, Kyros der Jüngere, mit zehntausend griechischen Söldnern versuchte, seinen Bruder, den Großkönig zu stürzen. Das Unternehmen scheitert daran, dass dieser Kyros in der Entscheidungsschlacht fällt, so dass dem Unternehmen der Thronanwärter und damit der Sinn fehlt. Die zehntausend griechischen Söldner aber bleiben als disziplinierte Truppe auch dann noch zusammen, als ihre militärischen Anführer, die Strategen und die meisten Lochagen (Hauptleute) von den Persern unter dem Vorwand von Verhandlungen über ihren friedlichen Abzug in einen Hinterhalt gelockt und ermordet werden. Die Soldaten wählen sich aus ihren Reihen neue Anführer, zu denen auch der junge Xenophon gehört, der den Feldzug »weder als Stratege noch als Lochage noch als Soldat«, sondern als eine Art Praktikant begleitet hatte. Seine militärische Ausbildung erwirbt er nun in der Form eines »Training on the job«, denn die Söldnertruppe kämpft sich ihren Weg durch feindliches Gebiet und verfolgt von persischen Truppen bis an die Küste des Schwarzen Meeres frei. Nach diesem langen Marsch sind von den Zehntausend immerhin noch über achttausend als geschlossene Gruppe dort angekommen. Die Schilderung dieses Abenteuers war ein antikes Erfolgsbuch. Es zeigte schonungslos die Schwächen des Perserreiches. Die Gebietsfürsten waren verpflichtet, Truppen zu stellen. Das war immer erst mit einiger Verzögerung möglich. Die eigenen Interessen und Rivalitäten dieser Fürsten hatten dabei den Vorrang vor gesamtpersischen Interessen. Überall gab es aufsässige Gebirgsstämme, mit denen die Söldner paktieren und verhandeln konnten. Es handelte sich um kein einheitlich verwaltetes Reich, sondern um ein nur äußerlich zusammengefügtes Konglomerat. Die Anabasis fand 401/400 v. Chr. statt. Xenophon hat dieses Buch wohl erst um 370 geschrieben. Es dauerte immerhin noch bis 333 v. Chr., bis es schließlich einem entschlossenen Abenteurer mit einer schlagkräftigen Armee und der politischen Vision, die Welt östlich von Griechenland neu gestalten zu wollen, nämlich Alexander dem Großen gelang, das persische Reich zu erobern.

Die Erziehung des Kyros begründet nicht nur die politische Gattung des Fürstenspiegels, die dann so bedeutende Autoren wie Thomas von Aquin und Niccolò Machiavelli aufwies. Das Wort »Spiegel« ist nicht ganz wörtlich zu nehmen, denn es handelte sich um Beratungsliteratur, die ein perfektes Vorbild für den erfolgreichen oder »guten« Alleinherrscher entwarf. Außerdem gehört Xenophons Buch in die Tradition der Zeitkritik mit den Mitteln des politischen Exotismus. Die *Germania* des Tacitus, die den seiner Meinung nach verweichlichten Römern die idealisierten germanischen Sitten entgegenhält, ist die zweite berühmte Zeitkritik in diesem Gewande. Varinanten findet man in Montesquieus *Lettres persanes*, den *Persischen Briefen*, wo die Kritik an persischem Luxus und persischer Morbidität eine gespiegelte Kritik des französischen Hofes darstellt. Die Außenperspektive wird eingesetzt zur Kritik der eigenen Gesellschaft. Dabei kommt es in keiner Weise darauf an, dass das Bild Persiens realistisch gezeichnet wird. Es geht vielmehr darum, dem Griechenland seiner Tage als Vorbild und Gegenbild ein erfolgreiches und schlagkräftiges Persien entgegenzustellen. Als historische Quelle ist die *Kyroupaideia* aus diesem Grunde fragwürdig.

Es geht offenkundig mehr um die eigene politische Theorie Xenophons. Diese jedoch ist vieldeutig, da sie narrativ präsentiert wird und mehrere Auslegungen zulässt. Entscheidend ist der Schluss, die Beschreibung des schnellen Verfalls nach der erfolgreichen Errichtung einer orientalischen Despotie. Moderne

Interpretationen neigen zu der Deutung, dass Xenophon damit habe darlegen wollen, dass autokratische Herrschaftsformen keine dauerhafte Stabilität entwickeln können. Der hohle Glanz eines Großreiches verbleicht schnell, oft schon bei dem Kampf um die Nachfolge des Gründers. Es komme stattdessen darauf an, eine Mischverfassung herauszubilden, weil nur ein Ausbalancieren von Kräften Dauerhaftigkeit ermögliche.[57] Diesen Gedanken werden wir später bei Polybios ausgeführt finden. Die zeitgenössischen Leser Xenophons werden sich wohl mehr an die vordergründige, vom Autor selbst vorgeschlagene Deutung gehalten haben, der Verfall der alten Tugenden habe den Untergang des Reiches eingeleitet. Bei aller machtpolitischen Kühle verbreitet nämlich auch die *Kyroupaideia* durch ihre vielen aufbauenden und erbaulichen Reden ein moralisierendes Flair, hinter dem eher ein Konzept der Erziehung der herrschenden Gruppe und des Herrschers selbst als eine Theorie vom Gleichgewicht der Verfassungskräfte steht, welche auch dann funktionieren könnte, wenn die Einzelnen andere Ambitionen haben. Für die tugendtheoretische Lektüre spricht auch ein Gedanke, den Xenophon seinem Sokrates in den Mund legt: »Er sagte, dass nicht diejenigen Könige und Herrscher seien, welche das Zepter führen, auch die könne man nicht dazu rechnen, welche von der großen Menge oder durch das Los gewählt würden, so wenig wie die, welche durch Gewalt oder Betrug ans Ruder gekommen seien. Herrscher seien einzig und allein diejenigen, welche zu herrschen verstehen.« (Xenophon, Memorabilien, III, 9-10) Nicht das Amtscharisma, sondern die persönliche Überzeugungskraft ist auschlaggebend. Die Personalisierung der Politik im intellektuellen Umfeld des Sokrates steht am Anfang dieses politisch-literarischen Typus, der nicht die Strukturen, sondern die Person des Herrschers und dessen Fähigkeiten in den Vordergrund stellt.

Xenophon treibt seine Personalisierung des Machtproblems auf die Spitze in seinem Dialog *Hieron*. Es handelt sich um ein fiktives Gespräch zwischen dem Tyrannen Hieron und dem Dichter Simonides. Der Dichter stellt die Frage, was wohl das Leben eines Tyrannen von dem eines Privatmannes unterscheide. Hieron verfällt darauf in eine Reihe von Klagen, die an die Klagen der heutigen politischen Klasse über ihre schwere Lage erinnern. Der Tyrann kann sich auf Festtage nicht freuen wie die übrigen Menschen, denn seine Tafel ist immer überreichlich gedeckt und er leidet an Übersättigung. Nach außen mag das Leben des Tyrannen glücklich und befriedigend wirken, aber er hat keine Freunde, denn er kann denen, die sich als solche ausgeben, niemals trauen. Nie lebt er in Frieden mit seinen Untertanen. Wenn er nach einem Kriegszug nach Hause zurückkommt, muss er sich dort noch mehr als im Militärlager von Anschlägen gefährdet fühlen. Selbst die Liebe zur eigenen Frau und zu den Kindern ist nicht sicher, denn viele Tyrannen haben ihre eigenen Kinder getötet oder sind von ihnen getötet worden oder von den Vertrauten, die sie für ihre besten Freunde hielten. Vertrauen kann es in ihrer Umgebung nicht geben. Seine Bedürfnisse können niemals befriedigt werden, denn er braucht nicht bloß ein Haus, einen Acker und einen Sklaven wie ein Privatmann, sondern Städte, viel Land, Häfen und feste Burgen. Nicht der guten und fähigen Leute wird er sich bedienen können, weil diese normalerweise die Tyrannis ablehnen, sondern der schlechten und unfähigen. Er darf niemals unbewacht sein und muss die Trunkenheit und selbst den Schlaf fürchten wie einen Hinterhalt. Nicht einmal vor seinen eigenen Wachen ist er sicher. Sein Schluss ist nur konsequent: »Ja, Simonides, wenn es sich für irgend jemanden sonst lohnt, sich zu erhängen, so glaube mir meine Feststellung, dass sich für einen Tyrannen diese Tat am ehesten lohnt.« (Xenophon, Hieron, VII, 13) Dies ist übrigens ein charakteristischer sokratischer Gedanke, der sich ähnlich in Platons *Staat* findet: der schlimmste Tyrann wird zugleich der unglücklichste Mensch sein (Platon, Politeia, 576c).

Simonides schlägt ihm in seiner Antwort eine effektivere Lösung des Problems vor: Die Zustimmung der Bürger wird er dann leichter gewinnen können, wenn er sie fremde Länder erobern und große Beute machen lässt. Er muss, statt nur seinen Palast ausschmücken und ausbauen zu lassen, die ganze Stadt mit Mauern, Tempeln, Säulenhallen, Marktplätzen und Häfen versehen, seine Bürger gut bewaffnen und immer um den freiwilligen Gehorsam der Untergebenen bemüht sein. Auch hier teilt Xenophon beinahe beiläufig und in Gesprächsform ein politisches Rezept mit, von dem wir wissen, dass es in der Praxis häufig genug funktioniert hat: Die militärische Wendung nach außen ist eine gern angewandte Methode, um die Bevölkerung zur Unterstützung des Alleinherrschers zu bewegen.

Neben Platon ist Xenophon der Autor, durch den wir vor allen Dingen in seinen *Memorabilien*, den Erinnerungen an Sokrates, am meisten über Sokrates erfahren. Xenophons Darstellung scheint auf den ersten Blick solide und unverfälscht zu sein. Die von ihm zitierten sokratischen Äußerungen darf man für authentisch halten. Man könnte sogar sagen, dass jede einzelne dieser Äußerungen so oder ähnlich sich auch in einem platonischen Dialog finden könnte. Doch Sokrates ist bei Xenophon ein biederer Moralist, der lebenspraktische Ratschläge gibt. Von seiner gefürchteten Ironie ist dort so gut wie nichts zu spüren. Die Aggressivität seines Nachfragens, durch die er die Abwehrhaltung vieler Athener provozierte, kommt nicht zum Ausdruck. Xenophon und Platon berichten übereinstimmend, dass Sokrates die körperliche Seite der homosexuellen Erotik abgelehnt hat. Man sollte aber einmal im Vergleich lesen, mit welchem spielerischen Witz Platon das in den Alkibiades-Abschnitten des *Symposion*, des *Trinkgelages* darstellt, wo der betrunkene Alkibiades von seinen vergeblichen Versuchen erzählt, Sokrates zu verführen, die in dem Bericht von jener Nacht gipfeln, in der er sich, nachdem alle zarteren Annäherungsversuche ihn keinen Schritt weiter gebracht hatten, entschlossen zu Sokrates unter dessen Mantel gelegt und ihn die ganze Nacht in den Armen gehalten habe, was jener sich auch gefallen ließ. Aber auch in dieser Nacht ergab sich daraus zur Enttäuschung des jungen und schönen Alkibiades nichts weiter. (Platon, Symposion, 219a/b)[58] Xenophon dagegen fiel zu diesem Thema nur ein, dass einige Homosexuelle sich aneinander zu reiben begehren »wie die Ferkel an Steinen« (Xenophon, Memorabilien, I, 30)[59]. Am Vergleich mit dieser Parallelüberlieferung wird erst eigentlich die außerordentliche philosophische, menschliche und darstellerische Leistung Platons deutlich, durch die Sokrates zum Philosophen par excellence geworden ist. Platon spielt mit der Erotik und stellt sie in den Dienst der Intellektualität, während der spartanisch-militärisch empfindende Xenophon sie verdrängen und bekämpfen muss.

12. Stadtstaat und Weltbürgertum. Demosthenes, die Kyniker und die Stoa

»Die wissenschaftliche Bildung ist unnütz.«
Zenon, *Über den Staat*[60]

Das größte Vorbild des antiken Redners bis in die römische Zeit hinein war Demosthenes. Er gehört in die Spätzeit, in die Zeit des Untergangs der athenischen Demokratie, die sich, aufgewiegelt durch seine Reden, noch einmal zu einem Entscheidungskampf gegen die immer mächtiger werdende Fürstenherrschaft Philipps von Makedonien aufgerafft hatte. Demosthenes war bei den Nationalisten des 19. Jahrhunderts wegen seiner emphatischen Selbstbehauptungsrhetorik außerordentlich beliebt.[61] Er galt als »der Erwecker der Griechen zur Freiheit und redegewaltige Vorkämpfer gegen ihre Unterdrücker«.[62]

In der Schlacht bei Chaironeia 338 v. Chr. hat dieser kämpferische athenisch-griechsche Patriotimus gegen Makedonien seine entscheidende Niederlage erlitten. Kurz danach ging diese neue Großmacht dazu über, mit Alexander dem Großen eine kosmopolitische Orientierung zu entwickeln. Peter Coulmas hat das in seiner Studie *Weltbürger – Geschichte einer Menschheitssehnsucht*[63] ausführlich beschrieben. Der Preis für die Ausbreitung der griechischen Kultur, des Hellenismus über den Orient war der Machtverlust der einzelnen Städte, der Verlust der politischen Selbstbestimmung, das Ende der Demokratien. Die

Transformation ins Imperium bedingte neue Formen einer despotischen Regierungsweise. Für die griechischen Intellektuellen wurde das sehr schnell sichtbar. Der Sophist Kallisthenes, ein Schüler und Verwandter des Aristoteles, begleitete Alexander auf seinen Kriegszügen und verherrlichte dessen Taten. Als der König aber verlangte, dass man ihn als Gott verehren sollte, verweigerte er dies. Alexander ließ ihn deshalb 327 v. Chr. in Ketten legen. Er hatte offenbar vor, ihn später im Beisein des Aristoteles zum Tode zu verurteilen, wozu es aber nicht kam, weil Kallisthenes während des indischen Feldzugs »an der Läusesucht« starb.[64] Die Intellektuellen, aber auch die einfachen Bürger waren gewarnt. Wer sich die Gunst des Despoten verscherzte und seinen Launen nicht entsprach, konnte in kürzester Zeit sein Leben verlieren. Die hellenistische Philosophie entwickelte die entsprechenden Strategien. Epikur empfahl als Weg zur Glückseligkeit, weder zu heiraten noch Kinder zu zeugen und sich vor allem von der Politik fernzuhalten. (Diogenes Laertius, 10, 19)

Diogenes von Sinope (der Kyniker, der Alexander einmal aufgefordert haben soll, ihm aus der Sonne zu gehen) gilt als der Urheber des kosmopolitischen Denkens. Auf die Frage nach seiner Heimat antwortete er, er sei *kosmoupolites* (aus κόσμος), Bürger des Kosmos (Diogenes Laertius 6, 63). Die einzige richtige Verfassung war seiner Meinung nach die »im Kosmos« geltende (Diogenes Laertius, 6, 72). Diese Quelle ist nicht unwichtig. Das Weltbürgertum, welches heute eher mit einer internationalen Klasse der gehobenen Berufe assoziiert wird, lokalisiert sich bei dem kynischen Straßenphilosophen, der es als seine Ehre betrachtete, wie ein Hund (griech. κύων, der Hund) zu leben und seine Umgebung durch sein Benehmen und seine bissigen Bemerkungen zu provozieren. Dieses politikferne Denken trug in gewisser Weise anarchistische Züge. Die Kyniker lehnten nicht einen bestimmten Staat oder die Demokratie als solche ab, sondern im Grunde jede Herrschaftsform. Sie orientierten sich an den Bedürfnissen und Vorstellungen der Individuen. Aristippos, ein anderer Kyniker, hat es abgelehnt, zur Klasse derer, die herrschen wollen, zu gehören. Die Mühe, die eigenen Bedürfnisse zu befriedigen, sei schon groß genug. Es sei unweise, sich zusätzlich noch damit zu überlasten, auch anderen Bürgern zu verschaffen, was diese nötig hätten (Xenophon, Memorabilien, II, 1, 8).

Sich aus der Politik zurückziehen – das war die Grundhaltung dieses Denkens. In der funktionierenden antiken Polis galt dies als unanständig und unwürdig. Als aber Alexander und die Diadochen herrschten, war diese Einstellung zeitgemäß geworden, weil die äußeren Umstände sie nahelegten. Die akademische Skepsis und die Lebensweisheiten Epikurs wurden zur vorherrschenden Denkströmung. Die eigentlich politische Theorie dagegen verebbt, weil sie keine Basis mehr hat in den praktischen Handlungsmöglichkeiten der Bürger selbst.

Als theoretisches Modell, wenn auch noch nicht als vorherrschende Praxis der Intellektuellen, war diese Lebensmöglichkeit schon bei Aristoteles vorgeformt. Ein freier Mann konnte ihm zufolge zwischen drei Lebensweisen wählen: 1. Dem Genussleben, das sich auf das körperlich Schöne konzentriert (Hedonismus von *hedone*, ἡ ἡδονή), 2. dem politischen Leben, dem *bios politikós* (βίος πολιτικός) und 3. dem philosophischen Leben, dem *bios theoretikós* (βίος θεωρητικός)[65].

Die reine Arbeit war Sache der Sklaven, das Herstellen Sache des Handwerkers, der mit dem etwas abfälligen Wort *banausos* (βάναυσος) bezeichnet wurde. Auch der Handwerker ist nicht wirklich frei, sondern unterliegt einer Art begrenzter Sklaverei, weil er einen Arbeitsvertrag schließt und dadurch seine Bewegungsfreiheit und seine Zeitsouveränität verliert: »Als banausisch hat aber jede Verrichtung, Kunst und Kenntnis zu gelten, die den Leib oder die Seele oder den Geist freier Menschen zur Ausübung und Betätigung der Tugend untüchtig macht. Darum nennen wir sowohl alle solche Künste und Handwerke banausisch, die einen körperlich in eine schlechtere Verfassung bringen, als auch jede lohnbringende Arbeit, da sie den Geist der Muße beraubt und ihn erniedrigt.« (Politik, 1337b) Diese Muße (σχολή) ist Abwesenheit von Unruhe, von Geschäftigkeit. Bei Aristoteles wird deutlich, dass er sie für die Voraussetzung der höchsten Lebensform hielt und dass dieses nur in der Kontemplation, in der Theorie gefunden werden konnte. Die *Theorie* (θεωρία) hatte im Griechischen noch nicht jenen aktivistisch-konstruktivistischen Zug, der diesen Begriff heute kennzeichnet. Es bedeutet Schauen, Zuschauen, wissenschaftlich Betrachten. Sie ist eine Einstellung, die die Dinge auf sich wirken lassen möchte und nicht wie in der Neuzeit »die Natur auf die Folterbank spannt, um ihr ihre Geheimnisse abzupressen« (Francis Bacon).

Die höchste Form war die Lebensweise der Anschauung, der Theorie. Eine Verwandtschaft mit dem griechischen Wort für Gott, *theos*, (θεός) wird von den Etymologen bestätigt. Das Zuschauen schon kann als göttlich gelten, während diese Qualifikation in der Neuzeit auf den weltschöpferischen Aktivismus des Handelnden übergegangen ist. Anders als Platon glaubte Aristoteles nicht mehr daran, dass die Theoretiker den Versuch unternehmen sollten, selber zu herrschen oder unmittelbare Regierungsberater zu werden. Dann aber blieb nur die Möglichkeit, sich ins Lyzeum zurückzuziehen und fern vom Weltgeschehen Wissenschaft und Bildung systematisch zu betreiben.

Dies ist neben der politischen Aktivität und Parteinahme die zweite große Möglichkeit antiken Denkens. Fern von Geschäften Ruhe zu finden in Anschauung und Betrachtung vor allem der Natur, mit guten Freunden im Garten interessante Gespräche zu führen war das Ideal, das in Zeiten politischer Entmündigung durch zentrale Instanzen allein noch zu realisieren blieb.

Es war vor allem die *Stoa*, die dieses weltbürgerliche Moment systematisiert und perfektioniert hat. Die Kyniker hat sie als ihre Vorläufer immer anerkannt und in Ehren gehalten. Systematischer Ausgangspunkt der stoischen Ethik ist der Selbsterhaltungstrieb des Einzelnen. (Diogenes Laertius, VII, 84 ff.) Die menschliche Natur ist die eines Vernunftwesens. Ziel ist die Verwirklichung dieser Möglichkeit. Da die Vernunft etwas Allgemeines ist, kommt es letztlich darauf an, in diesem Allgemeinen aufzugehen: »Denn unsere Naturen sind Teile des Weltganzen.« (Diogenes Laertius, VII, 88)

In radikalem Gegensatz zur Lust steht die Tugend. Allein sie führt zur Glückseligkeit. Sie ist sich selbst genug, also autark. Alle Affekte, Lüste, aber auch Trauer und Mitleid sind auszuschalten, weil es sich um irrationale Regungen handelt. Äußere Güter sind gleichgültig. Auf Einkommen, Ehre, Besitz, Leben kommt es nicht an, sondern allein auf die Tugendhaftigkeit. Das Aufgehen des Einzelnen in der allgemeinen Vernunft enthält zugleich das politische Konzept. Es kann dann nämlich logischerweise nur einen einzigen vernünftigen Staat und ein einziges Vernunftrecht geben. Dieses gilt für alle Menschen gleich.

Die Stoiker kritisierten konsequenterweise die Sklaverei, auch wenn über Zenon aus Kition (335-262 v. Chr.), den Gründer der stoischen Schule[66] berichtet wird, dass er einen beim Diebstahl erwischten Sklaven ausgepeitscht habe. Die Abschaffung der Sklaverei wurde, soweit ich sehen kann, von ihnen nicht gefordert. Offenbar beugten sie sich hier der enormen wirtschaftlichen Bedeutung dieser Institution. Die Stoiker waren es aber, die in der hellenistischen Welt das Bewusstsein durchsetzten, niemand sei von Natur aus Sklave, was Aristoteles von einem Teil der Sklaven immerhin noch behauptet hatte.

Das stoisch verstandene Bürgerrecht bedeutete nicht nur die prinzipielle Gleichstellung aller Menschen innerhalb der Polis, sondern es musste schon seiner Begründungsstruktur wegen, nämlich wegen der Gleichheit aller Menschen als Vernunftwesen gleichermaßen auf die ganze Welt bezogen sein. Das Konzept der Unmittelbarkeit des Individuums zum generalisierten Vernunftrecht enthält in sich das Weltbürgertum. Plutarch meinte, dass Alexander der Große das verwirklicht habe, was Zenon als Traum des Kosmopolitismus aufgeschrieben hat. (Plutarch, Alexander, VI) Es war wohl eher umgekehrt. Im Grunde war Alexander das große Vorbild. Er stellte sich eine Vermischung, eine ethnische Durchdringung der in seinem Großreich lebenden Völker vor, um die *Homonoia*, (ὁμόνοια, lateinisch *concordia*), das Einvernehmen der Herzen unter ihnen herzustellen.[67] Das musste Ideologie bleiben, weil er doch nur wieder als gewalttätiger Despot auftrat. Aber der Gedanke hat sich seitdem in der Diskussion gehalten: Alle Menschen, nicht nur die Griechen, sondern auch die Ägypter, Kelten, Juden usw. sollten dieser und der stoischen Idee nach Teilhaber an der Weltvernunft sein. War der ursprüngliche Kosmopolitismus der Kyniker noch radikal individualistisch, so wird er hier durch einen moralischen Bezug aufs Weltganze ausgeweitet: »Es war die säkulare, welthistorische Leistung der Stoa, dass sie die in der Polis verwirklichte Bürgergemeinschaft auf die Menschengemeinschaft projiziert und damit universalisiert hat. Erst die Stoa hat den entscheidenden Schritt vom individualistischen zum gemeinschaftsbezogenen Kosmopolitismus getan, vom Nebeneinander der gleichen Individuen zur solidarischen Menschheit.«[68] Gerade die Frühzeit und Frühgestalt dieser Ideen war natürlich voller Illusionen. In Zenons *Staat* gibt es wie bei Platon die Weibergemeinschaft (so wurde das im 19. Jahrhundert noch bei Marx und Engels genannt), und nach der Verfassung »dürften weder Tempel noch Gerichtshöfe noch Gymnasien in den Städten errichtet werden« (Diogenes Laertius, VII, 33). Herrschaft im formalen Sinne schien nicht mehr erforderlich zu sein, wenn die Vernunft die Menschen direkt regierte – ein Konzept, noch utopischer als der Staat Platons. Hinter allem stand jedoch Alexanders Idee der Brüderlichkeit der verschiedenen Völkerschaften, die gemeinsam sein Reich ausmachen sollten. Grundlegend wurde die stoische Idee des Naturrechts, das unabhängig vom positiven Recht der einzelnen Städte und Regionen gelten sollte – übrigens auch in der internationalen Politik, in den Beziehungen der Staaten zueinander. Fremde, Ausländer muss es dann nicht mehr geben. Die heutige Idee von den Menschenrechten hat ihre am weitesten zurückliegende Quelle im stoischen Naturrechtsdenken. In der Praxis wurde jedoch weiterhin vollkommen anders verfahren, nämlich nach der heute noch geltenden, Demosthenes zugeschriebenen Regel, dass jedes Volk das Recht hat, selbst zu bestimmen, wen es einbürgern will und wen nicht.[69]

Der Hellenismus verbreitete die griechische Sprache als Gemeinsprache in der ganzen östlichen Mittelmeerwelt, und sie wurde schließlich sogar von gebildeten Römern angenommen. Die Oberschicht des Hellenismus war es, die in ihrem Denken und ihrem Bewusstsein kosmopolitisch dachte und orientiert war, wenn auch in der politischen Wirklichkeit gerade kein einheitliches Reich entstand, sondern miteinander in heftigen Kämpfen liegende Diadochenstaaten.

13. Die beste Verfassung: Griechenland oder Rom?

»Jeder Staat, wie er auch strukturiert sein mag, geht von Natur aus zugrunde, wobei es zwei Möglichkeiten gibt, nämlich eine, bei der der Verfall von außen kommt, und eine andere, bei der er im Innern entsteht.«
(Polybios, VI, 57,1)

Angesichts der Vielfalt von kleinen Stadtstaaten bot sich der Gedanke geradezu an, ihre Verfassungen systematisch miteinander zu vergleichen. Wer einen Staat gründen oder sich auch nur ausdenken wollte, konnte sich sozusagen »wie in einer Trödelbude von Verfassungen« (Platon, Politeia, 557d) diejenige auszuwählen, die ihm am meisten zusagte.[70] Bis heute maßgeblich ist die Systematisierung der Verfassungslehre durch Aristoteles, die scheinbar einfach, aber vollkommen schlüssig die Staatsformen nach der Zahl der Regierenden unterscheidet: entweder regiert einer, oder wenige, oder »alle«. Der Exkurs des Aristoteles über die verschiedenen Auslegungsmöglichkeiten des Wörtchens »alle« kann bis heute als lehrreiche Übung im Grenzbereich von Politik und Logik gelten (Aristoteles, Politik 1261b). Neben diese Unterscheidung nach der Zahl tritt die nach der Qualität der Herrschaft, nämlich danach, ob sie auf das Gemeinwohl zielt oder stattdessen auf das Wohl der Regierenden.

Die Verfassungsformen nach Aristoteles (Politik, 1279a):

Zahl der Herrschenden	Ziel: Wohl der Gesamtheit (Politie)	Ziel: Wohl der Herrschenden (Ausartungsformen)
Einer (Monarchie)	Königtum (basileia)	Tyrannis (zum Wohl des Alleinherrschers)
Einige (oligoi)	Aristokratie (Herrschaft der Besten oder beste Herrschaft für den Staat und seine Teile)	Oligarchie (zum Vorteil der Reichen)
die Menge, die Vielen, der demos	Politie	Demokratie (zum Vorteil der Armen)

Der entscheidende Unterschied war für Aristoteles jedoch nicht die Zahl der Regierenden, sondern vielmehr die Frage der sozialen Schichtung. Der wahre Unterschied besteht zwischen Armut und Reichtum. (Aristoteles, Politik, 1279b) Wo die Herrschaft auf dem Reichtum beruht, ist die Regierungsform notwendigerweise oligarchisch, auch wenn relativ viele daran beteiligt sind. Nach diesem Gedanken müsste also eine Gesellschaft, in der eine Mehrheit von Reichen eine arme Minderheit beherrscht, eine Oligarchie genannt werden. Würde die arme Minderheit dagegen die Reichen dominieren, würde dies Demokratie genannt werden müssen, weil nach dem sozialen Modell der Verfassung eine Herrschaft der Armen definitionsgemäß immer Demokratie heißt. Es ist lediglich akzidentiell, aber nicht im Kern notwendig, dass die Mehrheit meist arm ist. Die unterschiedlichen Kriterien, einmal nach der Zahl der

Herrschenden, sodann nach den sozialen Interessen, geraten also in ein Spannungsverhältnis zueinander.

Der Begriff *Politie* ist bei Aristoteles nicht nur reserviert für die zum Wohle der Allgemeinheit ausgeübte Volksherrschaft, sondern zugleich im umfassenderen Sinn für alle Formen guter Herrschaft. Er hat also eine Doppelbedeutung, die darauf schließen lässt, dass die Volksherrschaft in jenem Jahrhundert der griechischen Polis für ihn als die naheliegendste Regierungsform und als das Verfassungsideal gegolten hat. Platon hatte noch den einen ungetrennten Namen der Demokratie sowohl für deren gute als auch deren schlechte Ausformung verwendet (Platon, Politikos, 291c ff.).

Das aristotelische Modell konnte aus solchen Gründen nicht wirklich befriedigen und stieß sehr bald auf Kritik. Ein neues, aber auf den klassischen Grundbegriffen beruhendes Modell hat Polybios entworfen. Polybios (200-120 v. Chr.) stammte aus der griechischen Stadt Megalopolis. Er gehörte dort zur führenden Schicht, war Politiker, Stratege und Gesandter. Nach der Niederlage der griechischen Städte des achaiischen Bundes (168 v. Chr.) gegen die Römer wurde er zusammen mit tausend anderen Mitgliedern der achaischen Führungsschicht nach Rom gebracht, wo diese Gruppe jahrelang auf einen Prozess, den die Römer ihnen machen wollten, zu warten hatte. Er kam dort »über das Ausleihen von Büchern und das Gespräch über diese Bücher« mit dem jüngeren Scipio und seinem Kreis zusammen, wo man sich für die griechische Philosophie und Bildung begeisterte. Wir wissen über die Gespräche in diesem Kreis einiges aus Ciceros *Über den Staat.* Polybios hat seinen wachsenden Einfluss übrigens zugunsten seiner Landsleute geltend machen können, so dass die Überlebenden und er selbst nach 17 Jahren Internierung nach Griechenland zurückkehren konnten. Kurz nach seiner Freilassung wurde er von den Römern als militärischer Berater im Kampf gegen Karthago eingestellt und erlebte mit, wie sein Freund Scipio diese Stadt im April 146 v. Chr. endgültig zerstörte.

Dieses Ereignis prägte die Fragestellung seines großen Geschichtsbuchs, der *Historien*: Wie kam es, dass Rom zwischen 219 v. Chr., dem Beginn des zweiten punischen Krieges und 168, dem Sieg gegen den achaiischen Bund, beinahe die ganze damals bekannte Welt unter seine Herrschaft bringen konnte? Einer oberflächlichen Betrachtung musste dies als vollkommen unerwartetes Ereignis erscheinen. Polybios suchte nach den tieferen Ursachen und fand sie im Vergleich der Verfassungen. »Die Leser meines Werkes sollten erkennen und verstehen können, wie und mit welcher Art von Verfassung fast die ganze Welt bezwungen wurde und im Verlauf von nicht ganz 53 Jahren unter die alleinige Herrschaft der Römer fiel, ein Ereignis, das in früheren Zeiten noch nie eingetreten war.« (Polybios, VI, 2-3) Dazu muss er sich mit der überlieferten Verfassungstheorie auseinandersetzen. Die Theorien Platons und anderer Philosophen hält er für zu verwickelt, für zu breit dargestellt und zudem nur wenigen zugänglich. Polybios geht diese Überlegungen seinem Anspruch nach nochmals in einer Form durch, die dem Allgemeinverstand und vor allem seiner Absicht, die politischen Ereignisse seiner eigenen Zeit überzeugend zu erklären, zugänglich ist. Sein Unverständnis gegenüber den Kompliziertheiten der Philosophen ist insofern von Interesse, als es sich um die Ignoranz des erfahrenen Diplomaten und politischen Praktikers handelt. Ignoranz insofern, als er es für selbstverständlich hielt, dass sich als die bessere Verfassung diejenige erwiesen habe, die die Überlegenheit im Krieg und die Erschaffung eines stabilen (nicht bloß, wie noch beim Alexanderreich, nur auf der Herrschaft einer Person basierenden) Weltreichs ermöglicht hat. Polybios verfügte über das nötige Bildungswissen und eine wissenschaftliche Methodik, um sich mit den großen Philosophen der Antike gleichrangig fühlen zu können. Seine Vorstellung vom besten Staat und vom Gemeinwohl war jedoch ausgesprochen unphilosophisch, denn um die Weltmacht war es weder in Platons Wächterstaat noch im aristotelischen Modell der Selbstgenügsamkeit, der Autarkie eines Staates gegangen. Den Kern ihres Denkens konnte er aufgrund seiner Prämissen überhaupt nicht verstehen.

Dennoch handelt es sich bei seiner Theoriekonzeption um eine produktive Weiterentwicklung des Verfassungsdenkens, was gleich noch zu zeigen sein wird. Das Verhältnis von Polybios zur klassischen politischen Philosophie ist geradezu ein Schulbeispiel dafür, wie mit dem Hereintragen empirienahen neuen Praxiswissens zugleich auch der amoralische politische Realismus, das von Platon so heftig bekämpfte Denkmodell des Kallikles, Thrasymachos oder Alkibiades in die Theorie wieder Einzug hält.

Die Begrifflichkeit von Polybios ist anders als die von Aristoteles durchgängig in der Verfassungstheorie weiter verwandt worden. Den Demokratiebegriff verwendet er für die positive Form der Volksherrschaft. Einzig sein Begriff für die Entartungsform der Demokratie, die *Ochlokratie* (Pöbelherrschaft, von ochlos, ὄχλος, Menge, Pöbel), hat sich nicht durchgesetzt, und die politischen Philosophen behelfen sich mit Begriffen wie »Tyrannei der Mehrheit«, »Fundamentalismus« und ähnlichem. Die Begrifflichkeit fügt sich besser als die aristotelische in das oben verwendete Schema:

Typologie der reinen Verfassungsformen
nach Polybios, Historien II, 3

	Positive Form	Entartungsform
Einer	Königtum (Basiert auf freiwilliger Übereinkunft der Regierten und wird mehr durch Einsicht als durch Furcht und Gewalt gelenkt).	Tyrannis
Mehrere	Aristokratie (Ausgewählte Gruppe der klügsten und gerechtesten Männer).	Oligarchie
Die Masse	Demokratie (In Staaten, wo man von alters her die Sitten respektiert und den Gesetzen gehorcht).	Ochlokratie (Pöbelherrschaft, jede Masse kann tun, was sie gerade will und vorhat).

Polybios entwickelt nun etwas, was er für ein Naturgesetz der Verfassungsentstehung und Verfassungsfolge hält. In Wirklichkeit handelt es sich um ein geschichtsphilosophisches Schema der Abfolge verschiedener Verfassungen aufeinander nach Prinzipien theoretisch erfassbarer Notwendigkeit. Er greift dabei auf die Überlegungen der klassischen Philosophen zurück (Platon, Politeia, 544a ff., Nomoi, 694 ff., Politikos, 291c ff., Aristoteles, Politik, 1316a1-b27, vgl. auch Herodot, Historien, I, 20 mit dessen Kreislauftheorie, der sogenannten Anakyklosis), bringt sie aber in eine Lehrgestalt, die als seine eigene Leistung angesehen werden kann.

Dieses Abfolgemodell besteht aus sechs Schritten:

1. Staaten entstehen neu nach Naturkatastrophen oder in Notsituationen. Die Menschen sammeln sich dann um Führerper-

sönlichkeiten, die durch Körperkraft und Kühnheit regieren und auch nur solange diese Eigenschaften anhalten. Das ist die Herrschaft des Einzelnen: (μοναρχία, *monarchía*)
2. Durch Gewöhnung wird daraus das Königtum (βασιλεία, *basileía*), indem man sich einem anerkannten Herrscher auch dann unterordnet, wenn dieser alt und schwach geworden ist. Die Königswürde kann auch auf die Nachkommen übergehen, weil der Glaube aufkommt, dass jemand, der von guten Männern abstammt, auch selber durch Erziehung oder Vererbung besondere Fähigkeiten haben könnte. Statt der Gewalt beginnen nun Moral und Recht zu herrschen.
3. Die Nachkommen jedoch entfernen sich von den Untertanen, beanspruchen Sonderrechte und erregen dadurch Neid, Hass und Zorn. Aus dem Königtum wird die Tyrannis.
4. Diese wird durch Verschwörungen der Edelsten, Lautersten und Mutigsten gestürzt, weil diese am wenigsten die Zumutungen und Anmaßungen der Herrschenden ertragen konnten. Damit regiert nun eine aristokratische Führungsschicht.
5. Wenn aber deren Söhne diese Machtstellung übernehmen, haben sie keinen Begriff mehr von den Leiden der Tyrannis, der Bedeutung der Redefreiheit und anderer Bürgerrechte. Die herrschende Schicht transformiert sich zur Oligarchie und tendiert zu Habsucht, Korruption und skandalösen Sittenverstößen.
6. Die Volksmenge stürzt die Oligarchen und muss nun selbst die Herrschaft übernehmen. Dies wiederum geht solange gut, als noch Menschen leben, die sich an die Gewaltherrschaft erinnern und neuen Entartungen vorbeugen. Danach aber unterliegt auch diese Staatsform den unerbittlichen Formen des Verfalls, die neue Generation gewöhnt sich daran, fremdes Gut zu verzehren, schließt sich großsprecherischen Führern an, raubt und nimmt Vertreibungen vor, bis sich wieder ein Alleinherrscher findet.

»Das ist der Kreislauf der Verfassungen, das ist die Haushaltung der Natur.« (Polybios, VI, 9, 10) Der wissenschaftliche Beobachter wird sich bei seiner Prognose über die Verfassungsentwicklung vielleicht in der Zeit verrechnen, aber er wird doch sehr genau beurteilen können, an welchem Punkt des Wachstums, des Niedergangs oder der Wende sich jede einzelne Verfassung befindet. Es kommt nur darauf an, selbst ohne Hass und Neid zu urteilen. Ist diese Naturgesetzlichkeit unausweichlich? Wenn sich der Wandel innerhalb der jeweils nächsten Generation mit Notwendigkeit vollzieht, dann ist die langdauernde Existenz einer einheitlichen Verfassungs- und Staatsform nicht möglich.

Die spartanische und auch die römische Verfassung haben sich aber erheblich länger als haltbar erwiesen. Der Grund dafür ist, dass die Naturgesetzlichkeit des Verfalls nur für einfache, nach einem einzigen Grundsatz gebaute Staatsformen gilt. Es kam also darauf an, das Modell einer Mischverfassung zu entwickeln, wie die Römer es taten. »Sie wählten nämlich immer gerade aus der Erfahrung, die sie bei Misserfolgen gewonnen hatten, das Bessere aus [...] und schufen das schönste Staatsgebilde unserer Zeit.« (Polybios, VI, 10, 14) Polybios beschreibt die römische Verfassung zu einem Zeitpunkt nach dem Ende des zweiten punischen Krieges, als sie von innen und außen unangefochten auf dem Höhepunkt ihres Ansehens steht und auch seiner eigenen Ansicht nach am schönsten und vollendesten war. Kurz nach dem enggültigen Sieg über Karthago begann die Korruption der Weltmacht und begannen die sozialen Unruhen. Sallust schreibt: »Nach dem Willen einer Minderheit wurde daheim und draußen Politik gemacht. In ihren Händen lagen auch Staatsschatz, Provinzen, Ämter, Ruhmestitel und Triumphe [...]. So drang mit der Macht Habsucht ohne Maß und Bescheidenheit ein, besudelte und verwüstete alles, kannte nichts Wertvolles und Heiliges, bis sie selbst stürzte.« (Sallust, Der Krieg mit Jugurtha, 41).

Doch das ist die Sicht einer späteren Zeit. Bei Polybios finden wir noch das ungeteilt positive Bild einer nicht nur gerechten und ausbalancierten, sondern vor allem auch über die Griechen und Karthager siegreichen römischen Verfassung. Seine Beschreibung des römischen Modells lautet wie folgt:

»So gleichmäßig und angemessen war alles im einzelnen angeordnet und durch diese drei Teile geregelt, dass niemand, auch keiner von den Einheimischen, hätte sicher sagen können, ob das Staatswesen insgesamt eine Aristokratie oder eine Demokratie oder ein Königtum darstelle. Und so musste es jedem Beobachter ergehen. Wenn man nämlich auf die Befugnis der Konsuln blickte, schien das Staatswesen ganz und gar ein Königtum zu sein; wenn man aber die Macht des Senats ins Auge fasste, schien es wiederum eine Aristokratie zu sein, und wenn man auf die Befugnis des Volkes schaute, war es offensichtlich eine Demokratie.« (Polybios, VI, 11,11)

Er begründet das aus den jeweiligen Kompetenzen. Die *Konsuln* haben die Verfügungsgewalt über alle staatlichen Angelegenheiten. Alle anderen Wahlbeamten sind ihnen bis auf die Volkstribunen untergeordnet. Sie sorgen für die Ausführung der Senatsbeschlüsse, legen dringende Angelegenheiten dem Senat vor und haben die Aufgabe, die Volksversammlungen einzuberufen, die Gesetze zu beantragen und die Beschlüsse des Volkes auszuführen. Bei der Vorbereitung zu einem Krieg und vor allem bei der Führung des Heeres im Felde ist ihre Gewalt fast unumschränkt: Soldaten auszuheben, den Bundesgenossen das aufzuerlegen, was sie für zweckmäßig halten, einen Teil der Militärtribunen einzusetzen, außerhalb Roms von ihren Untergebenen zu bestrafen, wen sie wollen und nach eigenem Ermessen Ausgaben aus öffentlichen Mitteln zu machen. Wenn man sie also allein für sich betrachten würde, könnte man von einem Königtum reden.

Dies muss gewiss als Überzeichnung gelten, weil sie ja nur für jeweils ein Jahr gewählt werden und erst nach eine Pause von zehn Jahren zum zweiten Mal dieses Amt wieder ausüben können, und weil sie sich nach dem jeweiligen Feldzug für alle ihre Maßnahmen verantworten müssen. Man muss den Text des Polybios deshalb als bewusste Zuspitzung um der Verdeutlichung willen lesen. Er will seinen Lesern kein abgewogenes fertiges Modell präsentieren, sondern sie zu eigenem Nachdenken herausfordern. Dieses Spiel mit Begriffen ist charakteristisch für jemanden, der im griechischen Begriffsdenken ausgebildet war. Diese Redeweise, die jeweils einen Gedanken in äußerster Schärfe und Konsequenz durchführt, bevor dann der Gegengedanke entwickelt wird, hat wohl auch einen erheblichen Teil der Faszination ausgemacht, die dieser hellenistische Intellektuelle auf Scipio Africanus und seine Freunde ausüben konnte. Noch heute spürt man den intellektuellen Reiz der Zuspitzung an diesen Texten, der es rechtfertigt, wenigstens dem Sechsten Buch der *Historien*, in dem es um die Verfassungstheorie ging, klassischen Rang zuzubilligen.

Doch zurück zum römischen Verfassungsmodell. Der *Senat* hat in erster Linie das Verfügungsrecht über die Finanzen. Er kontrolliert die Einnahmen und Ausgaben mit Ausnahme der Zahlungen an die Konsuln. Außerdem ist er zuständig für alle Rechtsverletzungen in Italien, die einer staatlichen Verfolgung unterliegen, wie Verrat, Verschwörung, Giftmord oder Meuchelmord. Außerdem ist er für Gesandtschaften an Völker außerhalb Italien zuständig, für Kriegserklärungen oder die Übernahme anderer Städte, und darüber hinaus für die gebührende Behandlung von Gesandtschaften, die andere nach Rom schicken. Das Volk hat mit der Außenpolitik überhaupt nichts zu tun, so dass es einem Fremden, der in Abwesenheit der Konsuln nach Rom kommt, so erscheinen kann, als ob er es mit einer vollkommenen

Aristokratie zu tun habe. »Davon sind viele Griechen und auch viele Könige überzeugt, da der Senat fast alle ihre Angelegenheiten entscheidet.« (Polybios, VI, 13, 9)

Welche Aufgaben bleiben nun dem *Volk*, der dritten Gewalt in diesem Verfassungsmodell? Nach Polybios teilt es Ehre und Bestrafung im Staat zu. »Durch diese beiden Dinge allein werden Reiche, Staaten und das ganze Leben der Menschen zusammengehalten.« (Polybios, VI, 4, 4) Es verurteilt zu Geldstrafen und zum Tode. Das Volk entscheidet über die Bestätigung von Gesetzen und berät über Krieg und Frieden. Bündnisse, Vereinbarungen und Friedensverträge werden ratifiziert oder verworfen. Insofern könnte der römische Staat auch als Demokratie gelten, weil die Letztentscheidung beim Volk liegt.

In Wirklichkeit handelt es sich um eine genau abgewogene Balance zwischen den drei Gewalten. Im Krieg haben die Konsuln die uneingeschränkte Befehlsgewalt, das *imperium*. Sofern sie aber von Nachschub abhängig sind, von Verpflegung oder Sold, bedürfen sie weiterhin der Senatsbeschlüsse. Auch die Triumphzüge, die Siege sichtbar feiern sollten, bleiben von Senatsbeschlüssen abhängig. Dazu sollte man bedenken, dass die Triumphe, in denen die unterworfenen Truppen und erbeuteten Schätze vorgeführt wurden, vor dem Beginn einer Medienberichterstattung das sichtbarste und spektakulärste Zeichen des Erfolges waren. Wegen der Ratifizierung der Verträge sowie der Rechenschaftslegung nach der Niederlegung ihres Amtes bleiben sie auch vom Volk abhängig.

Der Senat seinerseits kann Todesurteile nicht vollstrecken ohne Bestätigung durch die Volksversammlung. Diese hat auch die Möglichkeit, den Senatoren Privilegien wie Ehrenplätze im Theater abzuerkennen und ihr Vermögen zu schmälern. Außerdem kann durch den Einspruch eines Volkstribuns die Beratung und Versammlung des Senats beendet bzw. verhindert werden.

Aus diesem Grunde muss der Senat auf das Volk Rücksicht nehmen. Das Volk seinerseits ist vom Senat abhängig, weil dieser öffentliche Arbeiten (zum Beispiel zur Instandsetzung von Gebäuden) zu vergeben hat, Fischereirechte vergibt, Hafenzölle erhebt, öffentliches Land verteilt etc. Außerdem stellt der Senat die Richter für fast alle wichtigen Staats- und Privatprozesse.

Alle drei haben also die Macht, einander zu schaden oder zu helfen. Polybios meint sogar, dass man unmöglich eine bessere Verfassungsform finden kann, »denn wenn eine allgemeine, von außen hereinbrechende Gefahr sie zwingt, einhellig zu denken und zu handeln, wird die Stärke des Staatswesens derart wirksam, dass weder eine notwendige Maßnahme versäumt wird [...] noch eine Entscheidung zu spät kommt, da jeder einzelne im Allgemeinen und Besonderen mithilft, die vorliegende Aufgabe zu beenden.« (Polybios, VI, 18, 2) Genau diese römische Fähigkeit ist in der Krise der römischen Republik nach und nach verlorengegangen, so dass im Jahre 46 v. Chr. Cäsar zum Diktator wurde und Augustus schließlich 27 v. Chr. sein Prinzipat errichtete, eine Verfassungsform, die nur noch äußerlich einer Republik ähnlich sah.

Die Verfassungslehre des Polybios trat dadurch in den Hintergrund. Der ihr zugrundeliegende Gedanke war ja, dass Ehrgeiz, Machtgier und Eifer einzelner oder von Gruppen durch klug konstruierte Institutionen gegeneinander ausbalanciert werden können. Das Institutionengerüst vermochte diese an sich schädlichen Charakterzüge einzelner so produktiv zu wenden, dass der römische Staat schließlich die Weltmacht erringen konnte. Was geschieht aber, wenn die Balance zur gegenseitigen Blockade führt? Wenn auch nur eine der Gewalten der Immobilität verfällt? Wenn neue Machtstrukturen außerhalb des gewohnten Gleichgewichts entstehen, wie das schließlich mit den Heerführern Pompeius und Cäsar der Fall war? Cäsars Schritt über den

Rubikon, sein Marsch auf Rom ergab sich ja aus einer verfassungsmäßigen Blockade zwischen ihm und dem römischen Senat. Um sich nach seiner Rückkehr aus Gallien um das Konsulat bewerben zu können, hätte er sein Heer entlassen und sozusagen als waffenloser Privatmann nach Rom zurückkehren müssen. Als solcher wäre er aber, wie er befürchten musste, wegen seiner Eigenmächtigkeiten und Übergriffe als Statthalter Galliens angeklagt und damit politisch ausgeschaltet worden. Als Konsul wäre er gegen Anklagen zunächst immun gewesen. Sein Antrag auf die Sondererlaubnis, sich von außerhalb, also noch aus dem Gebiet der Provinz um das Konsulat bewerben zu können, wurde immer wieder hinausgezögert und schließlich abgelehnt. Diese für ihn riskante Situation hat er mit dem Umsturz der römischen Verfassung beantwortet.

Doch nicht erst dieses spektakuläre Ende der römischen Republik weckt Zweifel an der reinen Verfassungslehre. Die Intellektuellen von Cicero bis Sallust, die über die Krise der Republik nachdachten, haben ganz anders als Polybios nicht so sehr die Verfassungsstruktur in den Vordergrund gerückt, sondern vielmehr die konkreten politischen Verhaltensweisen der Führungsfiguren. Deren Fähigkeit, im Handeln zu Kompromissen und Gemeinsamkeiten zu kommen, deren Bereitschaft, sich dem Gemeinwohl und dem Staatsinteresse unterzuordnen, war es in dieser Sicht, die den Erhalt der Republik garantierte. Sobald diese Grundhaltung verlorenging, geriet der Basiskonsens in Gefahr und die an sich gut konstruierte Verfassung konnte nicht mehr mit Leben gefüllt werden, sondern erwies sich als Blockadeinstrument. Vielfach neigt man heute dazu, die damaligen Klagen über Tugendverfall und Korruption für ein wenig naiv zu halten, weil in unserem politikwissenschaftlichen Denken der Institutionalismus des Polybios derzeit den Vorrang hat vor eher tugendorientierten Theorieansätzen.

Eine Verfassung aber, die auf gegenseitige Kontrolle von Machtpotentialen angelegt ist, steht immer dann in Gefahr zu scheitern, wenn der Basiskonsens zerbricht und die Fähigkeit zur Kompromissfindung verlorengeht. Die Bereitschaft, eigene Interessen zurückzustellen und immer wieder die Initiative zu ergreifen, um gegen Vetomächte und Blockadepotentiale doch noch nach einer Lösung zu suchen, scheint eine elementare Tugend zu sein, ohne die sich derartige Verfassungssysteme nicht auf Dauer stellen lassen. Möglicherweise war die wirkliche Ursache der römischen Größe weniger die gut komponierte Struktur der Institutionen, als vielmehr die Bereitschaft der entscheidenden Akteure, die alle von einer strengen republikanischen Erziehungstradition geprägt waren, ihr Interesse dem Gemeinwohl bereitwillig unterzuordnen. Als diese Tradition verlorenging durch die Weltmachtstellung mit ihren erstaunlichen Entfaltungsmöglichkeiten für wenige und mit dem neugewonnenen Reichtum, der als Sittenverfall interpretiert wurde, half auch die Verfassung nichts mehr. Neben dem politikwissenschaftlichen Institutionalismus gibt es heute wieder eine Schule in der politischen Philosophie, nämlich die amerikanischen Kommunitarier, die über die notwendigen moralischen Ressourcen zur Aufrechterhaltung von lebenswerten politischen Gemeinwesen reflektiert. Es geht um die Frage: Was hält eine Gesellschaft zusammen? Reicht allein die Verfassungsstruktur, oder kommt es nicht doch auch auf eine durch Erziehung und Einsicht gewonnene Bereitschaft eines hinreichend großen Teils der Bürger an, sich für die Erhaltung ihres Gemeinwesens einzusetzen?[71]

Aber was waren die alten Tugenden? Es war vor allem der jüngere Cato, der mit der Parole der Tugendhaftigkeit gegen Cäsar gekämpf hat, und seine Form von Tugend war von Unflexibilität und Starrsinn nicht weit entfernt. Tugendhaftigkeit und ein unbeweglicher republikanischer Konservatismus waren hier zusammengekommen und hatten den Bürgerkrieg schließlich unausweichlich gemacht. Die Berufung auf Tugenden an sich kann genausogut streiterzeugend und konfliktverschärfend wirken. Es sind eben nur bestimmte Fähigkeiten, die zum Erhalt des Gemeinwesens beitragen, keineswegs jedoch alles, was als sittlich gut, tapfer und ehrenhaft gilt. Dies lief aber im römischen Tugenddiskurs unverbunden nebeneinander her.

Hinzu kommt ein weiterer Punkt, den Polybios als aufgeklärter griechischer Intellektueller mit einer gehörigen Portion von Zynismus, als politischer Realist aber eher im Unterton der Besorgnis behandelt. Der römische Staat wird nach seiner Ansicht vor allem zusammengehalten von einer geradezu abergläubischen Götterfurcht, welche das Gemeinwesen derart erfasst hat, dass eine Steigerung nicht mehr möglich erscheint. »Ich glaube freilich, dass sie dies im Hinblick auf die Menge so eingerichtet haben. Denn wenn es möglich wäre, ein Staatswesen aus Weisen zu bilden, wäre es vielleicht unnötig, so vorzugehen. Da aber jede Masse wankelmütig und von gesetzwidrigen Wünschen, blindem Zorn und unbändiger Wut erfüllt ist, kann man die Massen nur durch die Furcht vor dem Unsichtbaren und durch Mythen, wie sie nur der Tragödie eigen sind, zusammenhalten.« (Polybios, VI, 56, 9ff.) Er warnt deshalb davor, diese Auffassungen durch zuviel aufklärerische Kritik gedankenlos zu beseitigen. Sie sind für den Staat nützlich. Sein Beispiel ist die Korruption der öffentlichen Verwaltung im damaligen Griechenland. Wenn man einem Funktionär, der die öffentlichen Finanzen zu verwalten hat, auch nur ein Talent (Athener Geldeinheit, damals 6000 Drachmen) anvertraut, wird er es veruntreuen, selbst wenn zehn Kontrollbeamte gegenzeichnen, ebensoviele Siegel angebracht werden und die doppelte Zahl von Zeugen dabei ist. »Bei den Römern dagegen kommen die, welche als Beamte oder Gesandte eine Menge Geld verwalten, allein schon aufgrund ihres Wortes, das sie mit ihrem Eid geben, ihrer Pflicht nach. Bei den anderen Völkern findet man selten jemanden, der sich nicht an Staatsgeldern vergreift und in dieser Hinsicht anständig ist. Bei den Römern dagegen ist selten jemand dieser Tat überführt worden.« (Polybios, VI, 56, 14f.) Nach heutigen Maßstäben muss Polybios wohl als Oberklassen-Atheist gelten, der eine Volksreligion als stabilisierende Kraft für ganz nützlich hielt. Auch hier brauchte man nur etwa 50 Jahre zu warten, bis diese moralischen Ressourcen verbraucht waren und man die größten Finanz- und Sittenskandale in dieser Hinsicht auch in Rom erleben konnte. Der von Cicero so spektakulär angeklagte Prokonsul Verres musste 40 Millionen Sesterzen zurückzahlen, die er sich in Sizilien unrechtmäßig angeeignet hatte. (Cicero, Reden gegen Verres)

Polybios selbst hat seinen Institutionalismus in Bezug auf Rom offensiv verteidigt. Rom hat in seiner Sicht eine stabile Verfassung, ganz im Gegensatz zu Theben und Athen. In seiner Beschäftigung mit der Stadt Theben zum Beispiel stellt er fest, dass deren Wachstum, Blüte und Verfall ganz eindeutig mit dem Leben zweier bedeutender Politiker, nämlich des Epaminondas und des Pelopidas, verbunden waren. »Deshalb darf man nicht die Verfassung, sondern diese Männer für die Ursache der damaligen thebanischen Hegemonie halten. Ähnlich muss man auch über die Verfassung der Athener denken. Denn auch diese Stadt, die wohl häufig in Blüte stand, ganz besonders aber zu der Zeit, als sie Themistokles mit seinen vortrefflichen Fähigkeiten leitete, hat schnell durch das unausgeglichene Wesen ihrer Bewohner die Wende zum Gegenteil erfahren. Denn das Volk von Athen gleicht von jeher einem Schiff ohne Kapitän.« (Polybios, VI, 43, 7-44,3)

In den beiden Fällen Thebens und Athens war dieser Effekt außerordentlich schnell zu erkennen, nämlich jeweils mit dem Abtritt der erfolgreichen Führungsfiguren. In Rom dagegen, das zur republikanischen Zeit von einer stabilen Oligarchie regiert wurde, hat der Verfall der staatserhaltenden Potentiale in dieser Gruppe etwas länger und über den Tod des Polybios hinaus gedauert, folgt aber den gleichen Regeln, die er in seiner Verfassungstheorie aufgestellt hatte. Mischverfassungen sind haltbarer und verfallen langsamer als die reinen Modelle, sind aber letzten Endes genausowenig vor Transformation und Untergang sicher. Am Schluss des Sechsten Buches finden sich in dieser Hinsicht Andeutungen, die er jedoch nicht ausdrücklich auf Rom bezieht. Nach jener Stelle, in der er die auffällige Korruptionsfreiheit der römischen politischen Beamten konstatiert, räumt er ein, dass auch dieser Staat dereinst untergehen wird: »Darüber, dass alles Seiende dem Verfall und Wandel unterworfen ist, braucht man wohl nicht noch ein Wort zu verlieren. Denn die Tatsache, dass die Gesetzlichkeit der Natur zwingend ist, genügt als Beweis. Jeder Staat, wie er auch strukturiert sein mag, geht von Natur aus zugrunde, wobei es zwei Möglichkeiten gibt, nämlich eine, bei der der Verfall von außen kommt und eine andere, bei der er im Innern entsteht. Dabei nimmt der von außen kommende Verfall einen unsicheren Verlauf, während der aus dem Innern kommende einer festen Regel folgt.« (Polybios, VI, 57, 1 f.) Sobald nämlich die Lebensführung aufwändiger wird und die Bürger heftiger um die öffentlichen Ämter und bei öffentlichen Vorhaben konkurrieren, zeichnet sich die Wende zum Schlechteren ab. Kommen dann noch Protzigkeit und Prunk hinzu, wird sich der Wandel umso schneller vollziehen.

Einige Kommentatoren sehen einen Widerspruch darin, dass Polybios einerseits dieses Naturgesetz des Wandels und Untergangs annimmt, andererseits aber die Mischverfassung als positives Modell von den reinen Verfassungstypen abhebt. Dieser scheinbare Widerspruch löst sich aber auf, wenn man den Zeitfaktor bedenkt. Die reinen Verfassungen verfallen schon in der jeweils nächsten Generation, die Mischverfassungen dagegen halten länger. Nach einem kürzeren oder längeren Prozess von Wachstum, Blüte und Vergehen folgt dann wieder ein Neuanfang – ganz im Sinne seiner biologischen Metaphorik und nach dem Modell der uralten Kreislauftheorie der Verfassungen. Dahinter steht übrigens das einzige allgemeine Gesetz, welches von wohl allen, auch den modernen Historikern akzeptiert werden kann: Alle Reiche gehen unter. Es ist nur eine Frage der Zeit. Die entscheidende Neuerung des hellenistischen politischen Denkens, für das Polybios hier als repräsentativ gelten kann, ist die Ersetzung der Gerechtigkeit als Begründung für die gemischte Verfassung durch das Kriterium der Dauerhaftigkeit und des Erfolgs. Damit war der Abschied von der platonisch-aristotelischen politischen Philosophie vollzogen.

Polybios' Lehre vom Kreislauf der Verfassungen ist scharfsinnig gedacht, erhellend und in ihrer immanenten Kausalität außerordentlich überzeugungskräftig. Sie hat nur einen Nachteil: Sie ist empirisch falsch. Die Lehre, die Ablösung einer Verfassungsform und der Umschlag in die andere vollziehe sich jeweils in der nächsten, spätestens übernächsten Generation, ist nicht generalisierbar. Er vollzog sich oft schon noch innerhalb der gleichen Herrschaft wie im Falles des Dionysios von Syrakus, der vom Volk an die Macht gebracht wurde und es danach brutal unterdrückte. Ein noch spektakuläreres Beispiel ist der Athener Tyrann Peisistratos, der zweimal abgesetzt und vertrieben wurde und jedesmal zurückkehrte. Von den 32 Jahren, die er lebte, seit er zum ersten Mal Tyrann geworden war, hat er nur neunzehn Jahre geherrscht und die übrige Zeit im Exil verbracht.

Auch für die Athener Demokratie stimmt nicht, dass sie nur kurze Zeit existierte, um dann in eine andere Form umzuschlagen. Sie existierte, wie ich im Kapitel über die Perikleische Demokratie ausgeführt habe, fast zweihundert Jahre. Und danach wurde sie durch die Makedonische Herrschaft Antipaters von außen gewaltsam abgeschafft. Sie ging also nicht aufgrund innerer Gesetzmäßigkeiten zugrunde.

Die Lehre vom Umschlag und Wandel der Verfassungen ist ein typisches Intellektuellenkonstrukt, das sich über die Wirklichkeit schiebt und diese verdeckt. Sie ist nicht nur deshalb so wirkmächtig gewesen, weil sie so eingängig war, sondern auch, weil sie als Hypothese bei der Erklärung bestimmter Wandlungsprozesse immer wieder Anwendung finden konnte. Sie ist ja auch nicht vollkommen falsch. Sie verführt jedoch dazu, in der Wirklichkeit in erster Linie die Diskontinuität zu sehen, wo es aus weiterem Abstand und bei genauerer Analyse eine außerordentlich lange anhaltende Kontinuität gegeben hat.

14. Cicero und die römische Republik

»Ich bin aber nicht mit dem zufrieden, was uns über diese Frage die größten und weisesten Männer aus Griechenland schrftlich hinterlassen haben, und wage andererseits nicht, das, was mir gut scheint, jenem vorzuziehen.«
(Cicero, *De re publica*, I, 22)

Ciceros politische Werke waren in der Antike außerordentlich einflussreich. Uns sind sie nicht vollständig überliefert. Sein großes Buch über den Staat, *De re publica*, blieb jahrhundertelang verschollen. Erst 1820 wurde in der Vatikanischen Bibliothek ein Palimpsest gefunden. Man hatte aus Sparsamkeit oder Materialmangel den Cicero-Text von den Pergamentblättern abgeschabt und den *Gottesstaat* des Augustinus darüber geschrieben. Ein Teil konnte noch entziffert werden. Dieso so vorgefundenen Blätter umfassen etwa ein Viertel des ursprünglichen Werkes. Der Text ist auch in heutigen Editionen nicht ganz leicht zu lesen, weil immer wieder ganze Seiten des fortlaufenden Textes verlorengegangen sind und die Gedankenführung dadurch unterbrochen wird. Dennoch können wir uns einen Eindruck von der Gesprächsführung in diesem Dialog machen, den Cicero in den Jahren 54 bis 51 v. Chr. verfasst hat.

Ciceros Dialogform unterscheidet sich deutlich von der platonischen. Man diskutiert nicht kontrovers um die Wahrheit, sondern bewegt sich vielmehr gravitätisch in den Kreisen der politischen Prominenz. Der Dialog spielt im Jahre 129 v. Chr. im Hause von Scipio Africanus dem Jüngeren, dem Zerstörer von Karthago. Teilnehmer sind einige Verwandte und Freunde, darunter der Konsul L. Furius. Nicht das aggressive Nachfragen des Sokrates, sondern die diplomatische Höflichkeit der römischen Adligen »mit ihren gemessenen, bedächtigen Bewegungen, ihrem selbstbewussten Sichbehaupten und ehrfürchtigen Verneigen, in der jeder von diesen hohen Herren, die fast alle das Weltreich als höchste Beamte geleitet haben oder noch leiten werden, seinen Platz und Rang hat«[72] bestimmt die Atmosphäre dieser drei Ferientage, denn andernfalls würden sich so wichtige Personen nicht mit philosophischen Themen befassen.

Das erste Buch setzt sich mit dem Verhältnis von Politik und Philosophie auseinander. Ganz gegen Platon und Aristoteles wird die *vita comtemplativa* abgelehnt. Die höchste Tätigkeit ist die Lenkung von Staaten. Der Philosoph dagegen, der nur reflektiert, steht im Rang unter dem Politiker. Um Politiker zu sein, muss man opferbereit sein, denn man wird auf Undank stoßen. Die Epikureer, die den Genuss predigen und dementsprechend das unpolitische, das zurückgezogene Leben, haben unrecht. Wirkliche praktische Philosophen sind allenfalls solche wie die sieben Weisen, die, wie Solon und Pittakos, wichtige Vorschläge für die Gestaltung ihres Gemeinwesens gemacht haben.

Das Gespräch im Hause des Scipio hatte seinen Ausgang bei dem Problem genommen, dass zwei Sonnen gesehen worden sein sollten. War dies naturwissenschaftlich zu erklären oder handelte es sich um irgendein Vorzeichen? Laelius, der Freund Scipios, lenkt jedoch schnell von diesem Thema ab: Wieso soll man über zwei Sonnen reden, wenn es in der Politik eher um die Frage geht, *einen* Senat und *ein* Volk zu haben, also eine Einheitlichkeit der politischen Willensbildung herzustellen? Nach dieser gewagten Überleitung wird Scipio, weil er doch oft mit Panaitios und Polybios, den beiden wohl sachverständigsten Kennern politischer Angelegenheiten diskutiert habe, und weil er selber einer der bedeutendsten Politiker Roms sei, gebeten, doch einmal sein Staatsmodell vorzutragen.

Scipio geht auf diese Bitte gern ein, allerdings unter der Bedingung, dass er nicht zu einer abstrakten Erörterung genötigt wird, sondern seine Ansichten am Beispiel des römischen Staates darlegen kann. Er ist ziemlich unzufrieden mit der griechischen politischen Philosophie, wagt aber andererseits nicht, das, was ihm selbst gut erscheint, dieser vorzuziehen. Seine Gesprächspartner ermuntern ihn, dass das, was er sagen könne, doch wohl viel reichhaltiger sein werde als alles, was von den Griechen geschrieben wurde. Scipio erklärt, dass jede Erörterung mit einer Definition anfangen muss. Angesichts seines Publikums ist es aber nicht nötig, voraussetzungslos bei den allerersten Anfängen zu beginnen, wie dies der philosophische Stil in der griechischen Akademie nahelegt, sondern schon bestimmte Präjudizien zu machen. Man sieht hier deutlich, dass das römische Denken stärker juristisch als philosophisch geprägt ist. Für den Philosophen stehen jederzeit schon die Grunddefinitionen zur Diskussion. Der maßgebliche Politiker und der Jurist dagegen benutzt die Definitionsmacht als Ausgangspunkt.

Dieser Aspekt der Macht spielt übrigens im gesamten Verlauf des Diskurses eine wichtige Rolle. Anders als bei Platon wird nicht entwickelt und bewiesen, sondern stattdessen behauptet. Die *Consularen* und Senatoren dieses Gesprächs tun ihre *Meinung* kund, die ihr Gewicht schon durch ihren Rang und ihre Person hat.[73] Argumentieren muss nur der, der nichts zu sagen hat. Wirklich argumentiert und kontrovers diskutiert wird übrigens nur in einem einzigen römischen Dialog, nämlich in Tacitus' *Dialog über die Redner*.

Die Staatsdefinition, die Scipio in definitorischer Kürze und Apodiktik vorträgt, lautet, die *res publica*, das Gemeinwesen, sei *res populi*, die Sache des Volkes. »Ein Volk aber ist nicht jede irgendwie zusammengescharte Ansammlung von Menschen, sondern die Ansammlung einer Menge, die in der Anerkennung des Rechts und der Gemeinsamkeit des Nutzens vereinigt ist.« Beweggrund zu dieser Vereinigung ist die »natürliche Geselligkeit der Menschen« (oder viel vorsichtiger auf Latein: *prima causa coëundi est non tam inbellicitas quam naturalis quaedam hominum quasi congregatio*), »ist doch diese Gattung nicht einzellebend und einzelgängerisch« (Cicero, De re publica, I, 25).

Erinnern wir uns: in der Verfassungslehre von Polybios war es die natürliche Schwäche der Menschen, die sie zur Staatsorganisation, d.h. zur Unterordnung unter den Monarchen bringt. Das ist die nüchtern realistische Theorie der hellenistischen politischen Philosophie. Ciceros Scipio setzt dagegen das Kongregationsbedürfnis und das Ziel der Rechtsanerkennung, also eine eher idealistische Motivation. Seine Beweisführung, wieder mit einem *quasi* versehen, klingt denn auch eher erbaulich: »Denn gäbe es im Menschen nicht zur Gerechtigkeit bestimmte Samen sozusagen, würde man weder irgendeine Entwicklung der übrigen Tugenden noch des Gemeinwesens selbst finden« (Cicero, De re publica, I, 26).

Aus der Gleichung *res publica* = *res populi* folgt, dass eine Monarchie, und sei sie auch so hochgelobt wie die von Xenophons Perserkönig Kyros, der als der gerechteste und weiseste König galt, nicht besonders erstrebenswert gewesen sein kann, weil sie lediglich durch den Wink eines einzelnen Mannes gelenkt wurde. Jedes Gemeinwesen aber, ob Monarchie, Optimatenherrschaft (lat. *optimi*, die Besten, und *optimates*, der Adel) oder Volksherrschaft kann jederzeit in das benachbarte Übel, also die Tyrannis, die Oligarchie und die Tollwut und Willkür der Masse abgleiten. Anders als Polybios liegt hier nach den inzwischen gemachten Erfahrungen der Diktatur Sullas also kein klar gegliedertes Abfolgemodell vor, sondern die permanente Möglichkeit des Scheiterns jeder Staatsform. Neben dem »tragbaren und, wenn ihr wollt, sogar liebenswerten König Kyros lauert bei der Freiheit der Sinnesänderung der berüchtigte so grausame Phalaris« (Cicero, De re publica, I, 28), jener fürchterliche Tyrann von Akragas, dem heutigen Agrigent, aus dem 6. Jahrhundert, der schließlich vom Volk erschlagen wurde.

Scipio stellt die drei Grundformen der Königsherrschaft, der Optimatenherrschaft und der Demokratie in den Worten von deren jeweiligen Anhängern dar, was Laelius zu der naheliegenden Frage führt, welche Form er selbst denn befürworten würde. Er würde diejenige vorziehen, die aus allen drei verschmolzen ist. Würde er aber eine unter den einfachen wählen müssen, dann würde er sich für die Königsherrschaft entscheiden, für das *regnum*. Dafür spricht der (und wiederum steht im Text das *quasi*!) sozusagen väterliche Name des Königs, der für seine Mitbürger wie für seine eigenen Kinder sorgt. Außerdem glauben alle Völker, dass es über den Göttern einen obersten Gott gibt. Das beweist, dass sie die Herrschaft eines Einzelnen für die beste Form halten. Man würde sich ja auch einem Schiffssteuermann, einem Arzt, einem Gutsverwalter anvertrauen. In schweren Zeiten wird der Konsul *sine collega*, ohne Kollegen ernannt.

Diese Stelle hat den Kommentatoren große Rätsel aufgegeben. Wie konnte der einstige republikanische Konsul Cicero, der sich als Retter der Republik gegen die Verschwörung Catilinas verstanden hatte und der später von den Cäsar-Mördern als ihr Sympathisant und intellektueller Inspirator angesehen wurde, hier ein Königtum befürworten? Scipios Rede für das Königtum lässt sich vielleicht ähnlich verstehen wie Platons Rede vom zweitbesten Staat in den »*Gesetzen*«. Die Mischverfassung ist die beste Form. Wenn er sich aber zwischen den reinen Formen entscheiden soll, dann wird er sich für das Königtum entscheiden, weil es den einheitlichen Willen am besten garantiert, das einheitliche *consilium* oder *imperium*. Ganz wie Polybios lehrt er aber, dass derartige Verfassungsformen einem schnellen Wandel unterworfen sind: »So fangen wie einen Ball unter sich den Zustand des Gemeinwesens die Tyrannen von den Königen auf, von ihnen aber die Principies oder Völker, von denen wieder entweder Faktionen oder Tyrannen, und niemals lässt sich dieselbe Form des Gemeinwesens länger festhalten.« (Cicero, De re publica, I, 44) An dieser Stelle bricht Scipio ab, weil ihm bewusst wird, dass er in der Art des Unterweisenden und Lehrenden spricht, statt mit den anderen gemeinsam zu überlegen.

Der beste Zustand der Mischverfassung ist allerdings keine theoretische Konstruktion, sondern hat sich auf gewissermaßen natürlichem Wege (hier will ich mir selbst auch einmal das ciceronische *quasi* erlauben), nämlich im Laufe der römischen Geschichte so ergeben. »Unser Gemeinwesen ist aber nicht durch den Geist eines Mannes, sondern durch den vieler, nicht in einem Menschenleben, sondern in vielen Generationen und Zeitaltern aufgebaut worden« (Cicero, De re publica, II, 1) Nicht wie bei Sokrates und Platon wird ein Staatswesen ausgedacht, sondern stattdessen eines kommentiert, das schon seit langem existiert. Es kommt nämlich darauf an, sich nicht im leeren Raum schweifende Gedanken zu machen, sondern Überlegungen vorzutragen, die fest an ein bestimmtes Gemeinwesen gebunden sind. Die Polemik gegen griechisches Philosophieren, das Cicero in den Jahren zwischen 79 und 77 v. Chr. auf einer ausgiebigen Bildungsreise nach Athen und an andere Orte intensiv kennengelernt hatte, ist hier wiederum mit Händen greifbar. Cicero verband eine philosophische Skepsis, die in der damaligen Athener Akademie gelehrt wurde, mit seiner gläubigen politischen Verehrung seines römischen Staates. Historische und theoretische Erörterungen gehen bei ihm deshalb Hand in Hand. Der für einen Logiker und Wissenschaftstheoretiker kaum mehr nachvollziehbare Gedanke, dass man etwas dadurch erklären könne, dass man erzähle, wie es geworden sei, war ihm eine Selbstverständlichkeit. Hier liegt im Vergleich zu Platon und Aristoteles die oftmals registrierte philosophische Schwäche Ciceros. Er war in erster Linie ein Praktiker, ein Gerichtsredner, politischer Beamter und sogar Konsul, der stolz war auf seine politischen Leistungen. Daneben war er einer der gebildetsten Menschen seiner Zeit. Bildungswissen und analytischer Scharfsinn allerdings sind zwei Dinge. Die Systematik des aristotelischen Denkens war ihm fremd, und die zugespitzte Dialektik Platons hat er in der Souveränität seines überlegenen Praxisbewusstseins ablehnen können. Theoretisch jedoch war er nicht imstande, dieses Niveau zu erreichen – er musste nicht einmal den Anspruch erheben, konnte er sich doch sicher sein, dass die praktisch-politische Wirksamkeit unendlich bedeutsamer war.

Eine Wiederbegegnung mit dem klaren, logischen und geradezu unerbittlichen Geist der griechischen Philosophie findet jedoch im Dritten Buch von Ciceros *De re publica* statt. Es geht um die Gerechtigkeit. Karneades, der Hauptvertreter der akademischen Skepsis in Athen, hatte im Jahre 155 v. Chr., also beinahe hundert Jahre vor Cicero, auf einem Philosophenkongress in Rom eine vielbeachtete Rede für die Gerechtigkeit gehalten. Am darauffolgenden Tag hielt er eine zweite Rede, in der er mit der gleichen philosophischen Stringenz die Gerechtigkeit in Grund und Boden kritisierte. Leider ist uns keine von beiden Reden überliefert. Dieses Ereignis hat die römischen Gemüter jahrzehntelang aufgeregt. Cato hatte damals die schleunigste Abreise der griechischen Gäste verlangt und danach jahrelang gegen das Eindringen griechischer Bildung in Rom polemisiert. In Ciceros Dialog wird diese philosophische Grundsituation nun nachgestellt. Philus, einer der Gesprächsteilnehmer, wird genötigt, eine Rede gegen die Gerechtigkeit zu halten, auf die Laelius dann mit einer Verteidigung antwortet, die durch die Boshaftigkeit des Überlieferungsgeschehens fast gänzlich verlorengegangen ist. Die Fragmente, die wir von ihr kennen, klingen eher pathetisch, das mag aber damit zusammenhängen, dass vor allem der Schluss überliefert ist. Die Reihenfolge ist umgekehrt wie bei Karneades, denn bei aller Sympathie für skeptisches Denken wollte Cicero die Skepsis doch nicht als Ergebnis stehen lassen.

Das Argument des Karneades gegen die Gerechtigkeit, das den Römern am meisten einleuchten musste, hatte ungefähr so gelautet (wir wissen es aus einem Zeugnis des Laktanz, eines der Kirchenväter): »[...] alle Völker, die eine blühende Herrschaft besäßen, und auch die Römer selber, die sich des ganzen Erdkreises bemächtigten, müssten, wenn sie gerecht sein wollten, das heißt, wenn sie fremden Besitz zurückerstatteten, in die Hütten zurückkehren und in Armut und Elend am Boden liegen.« (Cicero, De re publica, III, 12) Die Argumentation von *Philus* arbeitet vor allem mit Beispielen dafür, dass es in vielen Ländern und bei vielen Völkern als vollkommen gerecht gilt, Unrecht zu tun: »Die Athener pflegten sogar von Staats wegen zu schwören, alles Land gehöre ihnen, was Oliven und Getreide trüge; die Gallier halten es für Schande, das Brotgetreide mit Handarbeit zu erwerben; daher mähen sie bewaffnet fremde Äcker ab!« (Cicero, De re publica, III, 9, 15) Selbst in Rom gab es, wie Philus darlegt, seit einiger Zeit ein Gesetz zum Nutzen der Männer, das den Frauen das Erbrecht absprach. Gesetze werden von den Machthabern, in diesem Falle den Männern, zu ihrem Vorteil gemacht. Wenn es nun die Pflicht eines gerechten

Mannes ist, den Gesetzen zu gehorchen, muss man fragen, welchen? Gesetze gelten nicht von Natur aus, denn Naturgesetze sind allgemeingültig, Gesetze im politischen Bereich aber verschieden in verschiedenen Ländern und wandeln sich, wie am Beispiel des Erbrechts für Frauen zu sehen ist, auch innerhalb eines einzelnen Landes. Das Recht ist nicht natürlich, sondern willkürlich. Es ist auch nicht vollkommen, weil es in sich widersprüchlich ist. Eine Clique, deren Herrschaft als gerecht gelten soll, nennt sich die Besten, die Optimaten. Wenn das Volk die Macht hat und seine Willkürherrschaft ausübt, nennt es dies Freiheit. Wenn ein Tyrann herrscht, lässt er sich lieber einen guten König nennen. Wenn man die Wahl hat zwischen Unrechttun und Unrechtleiden, dann sollte man sich im besten Falle zum Unrecht entscheiden, wenn man es ungestraft tun kann. Der zweitbeste Fall ist, weder Unrecht zu tun noch zu erleiden, der schlechteste, sich immer herumzuschlagen bald mit dem Unrechttun, bald mit dem Erleiden (Cicero, De re publica, III, 14) Die Mischverfassung entspricht dem zweiten Fall. Wer der Klugheit gehorcht und Unrecht tut, wird Reichtum, Macht, Mittel, Ehre, Reiche, Königtümer für Privatleute und für Völker erlangen. »Kein Staat ist so dumm, dass er nicht lieber ungerecht herrschen als gerecht Sklave sein wollte.« (Cicero, De re publica, III, 18)

Die Besorgnis der Zuhörer nach dieser flammenden Rede des Philus war echt. Die Jugend durfte so etwas auf keinen Fall hören. Die Antwort des Laelius lief wohl darauf hinaus, dass das wahre Recht mit der Natur im Einklang stehen müsse und sozusagen das unveränderliche Grundprinzip sei, das hinter jedem einzelnen Rechtsakt stehen müsse. Die übrigen Überlegungen sind eher normativ. Staaten müssen so eingerichtet sein, dass es sie ewig gibt. Ungerechte Kriege sind solche, die ohne Grund unternommen werden. Alle Kriege, die als gerecht gelten wollen, müssen offiziell erklärt werden. Aber all dies bleibt fragmentarisch. Laktanz hat sogar behauptet, dass Laelius gar nicht die politische Gerechtigkeit, sondern vielmehr das Naturrecht verteidigt habe und deshalb an den Argumenten des Philus wie an einer Fallgrube vorbeigeschlichen sei. Auf der Suche nach einer Ciceronischen Theorie der Gerechtigkeit wird man deshalb eher in seinem Dialog *Über die Gesetze (De legibus)* fündig. Aber auch dort entwickelt Cicero lediglich eine erbauliche Theorie des Naturrechts. Sie gehört an diese Stelle, denn eine andere Antwort auf die zentrale Frage nach der politischen Gerechtigkeit haben wir nicht von ihm. Auch diese Schrift ist an den römischen Gesetzen orientiert, am besten Gemeinwesen, wie es ihm erschien. Das Rechtswissen soll nicht aus dem positiv kodifizierten Recht, »aus dem Edikt des Prätors« und auch nicht aus den *Zwölf Tafeln*, wie die früheren römischen Rechtsgelehrten glaubten, geschöpft werden, sondern tief aus dem Innersten der Philosophie. Es muss ein höchstes Gesetz geben, das vor jedem konkreten Gesetz und vor jeder konkreten Staatsgründung liegt. Die Wurzel des Rechts muss in der Natur selbst liegen.

Die Fähigkeit der Menschen, von ihrer Vernunft und ihrem Denken Gebrauch zu machen, hat etwas Göttliches, denn es gibt nichts Göttlicheres als die Vernunft. Auch die schwachen und gefährdeten Menschen haben einen Funken dieses Göttlichen in sich. Es gibt eine Wesensähnlichkeit zwischen Menschen und Göttern. Die Menschen sind deshalb zur Gerechtigkeit geboren. Außerdem sind sie alle untereinander vergesellschaftet, weil alle gleichermaßen an diesem Göttlichen teilhaben. Dies ist die von den Stoikern übernommene kosmopolitische Maxime des ciceronischen Denkens, aus dem alles Weitere folgt: »Allen ist Vernunft gegeben: Also ist allen Recht gegeben.« (Cicero, De legibus, I, 33) Um dies alles in dem hohen Ton, den Cicero hier anschlägt, erörtern zu können, muss er in ironisch-freundlicher Form die skeptische Akademie, und zwar die neue von Arkesilaos und Karneades an, durch Bitten dahin bringen, zu dieser Angelegenheit zu schweigen, weil sie allzu schwere Einstürze bewirken wird, wenn sie in die klug von Cicero vorgetragenen Rechtskonstruktionen mit ihrer Kritik hineinfährt. Er möchte sie deshalb beschwichtigen, denn fortzuschieben wagt er sie nicht (Cicero, De legibus, I, 39). Diese Bemerkungen zeigen, dass ihm wohl bewusst ist, wie wenig sein Naturrechtsdenken skeptischen Einwänden würde standhalten können.

Nicht jedes Gesetz soll nach Cicero als Naturrecht gelten. Gesetze von Tyrannen scheiden aus. Auch dann, wenn zum Beispiel alle Athener an tyrannischen Gesetzen ihre Freude hätten, also der allgemeine Konsens hergestellt wäre, würde ein solches Gesetz noch nicht als gerecht angesehen werden können. Als gerecht kann nur ein einziges Gesetz gelten, »welches die richtige Vernunft im Befehlen und Verbieten ist.« Wenn dies nicht von Natur aus existiert, kann es überhaupt keine Gerechtigkeit geben. Insbesondere nicht durch Nützlichkeitserwägungen, die ohnehin die Quelle aller Katastrophen des Rechtsdenkens sind. Menschen sind von Natur geneigt, die Menschen zu lieben. Das ist die Grundlage des Rechts. Würde das Recht dagegen durch Verordnungen der Fürsten, durch Volksbeschlüsse oder Richterurteile konstituiert, dann wäre es Recht, Straßenraub zu begehen, Ehebruch zu treiben und falsche Testamente zu unterschreiben, sofern das durch Abstimmungen und Beschlüsse der Masse gutgeheißen wird. Stimmabgaben können niemals das Wesen der Dinge umstürzen, auch in Rechtsangelegenheiten nicht. Ein gutes Gesetz lässt sich von einem schlechten durch kein anderes Richtmaß als das der Natur trennen (Cicero, De legibus I, 44). Auch die Güte eines Baumes oder Pferdes besteht ja nicht durch Übereinkunft, sondern von Natur aus. Gesetze sind etwas Ewiges, das weder vom Geist der Menschen ausgedacht noch durch Beschluss festgelegt worden sein kann (Cicero, De legibus, II, 8).

Wer dem Gewinn nachstrebt, kennt nur eine einzige Tugend, die man am besten Bosheit nennen kann. Entstellungen der Seele sind genauso anstößig, wie es in der Antike Entstellungen des Körpers waren (Cicero, De legibus, I, 50), denn das Gute und das Schöne betrachtete man als identisch und war sich ziemlich sicher, dass man von der äußeren Erscheinung auch auf innere Werte schließen könne.

Die Forderung der griechischen Philosophen, sich selbst zu erkennen, legt Cicero so aus, dass es die Aufgabe sei, den Funken des Göttlichlichen in sich selbst wahrzunehmen. Man wird sich dann als Bürger der gesamten Welt verstehen, die man sich als sozusagen einen einzigen Staat vorstellen muss. Unser Vaterland ist das, wo wir geboren sind, aber genauso auch das, das uns aufgenommen hat. Verderbliche und ungerechte Gesetze tragen bloß äußerlich diesen Namen, können aber in Wirklichkeit gar nicht als solche gelten. Wenn Staaten wie Räuber irgendetwas Verbrecherisches beschließen, ist dies kein Gesetz (Cicero, De legibus, II, 13). Ein Naturgesetz kann dementsprechend auch nicht aufgehoben oder ungültig gemacht werden.

Platon hatte angenommen, dass der Zustand des Staates sich nach den Gesängen der Musiker ändere. Cicero setzt diesem Gedanken entgegen, dass er vor allem wohl von der Lebensweise und dem Aufwand der Vornehmen abhängt. Wenn diese den übrigen Bürgern ein schlechtes Vorbild geben, wird auch ein Sittenverfall im Volk eintreten. (Cicero, De legibus, III, 32) Die Vorbildfunktion der Besten soll bis zur Kontrolle der Stimmabgabe gehen. Cicero macht den Vorschlag, dass die Stimmabgabe des einzelnen Bürgers zwar seinen gleichrangigen Mitbürgern gegenüber geheim sein solle, jeder aber seine Stimmtafel den besten und gewichtigsten Bürgern vorzeigen müsse. Das Volk soll so »auf würdige Weise den Staatserhaltern seine Dankbarkeit« (Cicero, De legibus, III, 39) zeigen, wie Cicero das offenbar ohne jeden Zynismus formuliert.

Hier wird ein pathetisches und hoch, nämlich letztlich in der Göttlichkeit der Vernunft angesiedeltes Modell des Vernunftrechts entwickelt, das sich mit naheliegenden Einwänden nicht wirklich auseinandersetzt. Cicero setzt das Urteil seiner eigenen Schicht, der Optimaten, mit dem Gemeinwohl gleich. Das hinter allen unterschiedlichen und widersprüchlichen Einzelgesetzen stehende höhere Recht wird postuliert, nicht nachgewiesen. Es ist nicht Ciceros Stärke, Gedankengänge aus Voraussetzungen und Prinzipien zu entwickeln. Seine Vernunftrechtslehre erwies sich dennoch als außerordentlich einflussreich und hat das Rechtsdenken mit Ausnahme des Rechtspositivismus nachhaltig bestimmt. Deshalb musste sie hier behandelt werden.

Die Wendung zum politischen Realismus, wie wir sie von Polybios her kennen, hat Cicero nicht vollzogen. Die Verwirklichung der Gerechtigkeit bleibt ihm der höchste Maßstab und das wichtigste Ziel. Dies ist dem platonischen Idealismus ähnlicher als einen politisch-realistischen Denken. Ein wesentlicher Unterschied allerdings ist zu beachten. Für Cicero war die Gerechtigkeit im römischen Staat, in der *res publica* verkörpert. Platon dagegen musste sie zum Gegenstand einer Konstruktion machen. Platons Gerechtigkeit ist so gesehen die reine konstruierte Idealität, während es sich bei Cicero um die reflexive Idealisierung der aus seiner Sicht besten Seiten eines vorhandenen Staates handelte.

Cicero kannte die Schriften der griechischen Philosophen – auch einiger wie Theophrast, Dikaiarch, Panaitios, die uns heute verlorengegangen sind. Von einem Werk Theophrasts ist der Titel überliefert, »Von dem politisch Zeitgemäßen« oder, in der Übersetzung Karl Büchners, »Politik in den Krisen« (πολιτικά πρὸς τοὺς καιρούς, Politika pros tous kairous). Die Vermutung liegt nahe, dass dies einer der interessantesten Texte der gesamten antiken politischen Philosophie gewesen sein könnte. Die hellenistische politische Philosophie ist zum größten Teil verloren. Aus dieser Zeit sind vor allem Schriften zur Individualethik und zur Lebensphilosophie überliefert. Eine wirkliche Quelle hierzu ist Cicero allerdings kaum, weil er sich nicht um exakte Angaben bemüht, so dass es für uns schwer nachzuvollziehen ist, was originär von ihm bzw. aus der römischen Diskussionen stammende Gedanken sind und was hellenistisches Erbe ist. Die Hauptquelle aber, auf die er sich neben Platon und Aristoteles gestützt hat, ist Polybios, dessen Überlegungen uns immerhin bekannt sind. Normalerweise hat es wenig Zweck, über die Zufälle und Unglücksfälle der Überlieferung zu klagen. Angesichts der lückenhaften Dialoge Ciceros aber scheint es mir sinnvoll, darauf hinzuweisen, dass die gebildeten Römer und auch später noch die Kirchenväter wie Augustinus und Laktanz sehr viel mehr Texte zur Verfügung hatten als uns heute überliefert sind.

Im Panorama der politischen Philosophen hat es nie wieder jemanden gegeben, der in der gleichen Weise wie Cicero allerhöchste Staatsämter ausgefüllt hat und dies auch als seine eigentliche Lebensaufgabe ansah. Die Beschäftigung mit Philosophie gehörte für ihn in seiner Ausbildungsphase zunächst zum Bildungswissen, später dann, während seiner Verbannung und in Phasen vorübergehender politischer Entmachtung, nutzte er diese Zeit zur systematischen Reflexion und Aufarbeitung griechischer Theorien, für die er zugleich eine angemessene lateinische Begrifflichkeit entwickelte. Darüber hinaus ist von ihm eine so hohe Zahl von Briefen überliefert, dass wir uns über sein Privat- und Alltagsleben, seine Ängste, Sorgen und Befürchtungen ein außerordentlich lebendiges Bild machen können – wie von keiner antiken Persönlichkeit sonst. Seine Reden galten nach

Aufbau, Stil und Tonlage neben denen des Atheners Demosthenes als vorbildlich. Sie sind jedoch in den Gymnasien bis zum Überdruss übersetzt worden – immerhin mit dem positiven Nebeneffekt, dass Generationen von Lateinschülern dabei einen ganz passablen nüchtern klaren deutschen Sprachstil entwickelt haben, von dem wir bei der Lektüre ihrer Texte aus dem 19. und 20. Jahrhundert immer noch profitieren.

15. Von der Republik zur imperialen Herrschaftsorganisation

»Wenn der Staat am verdorbensten ist,
gibt es die meisten Gesetze.«
(Tacitus)

Die späte römische Republik war an ihre Grenzen gekommen. Der enge Rahmen der oligarchischen Senatsherrschaft reichte nicht mehr aus, um das mittlerweile eroberte Imperium zu verwalten. Es handelte sich ja um das Modell einer Stadtregierung, die nun die Welt beherrschte. Äußerlich zeigte sich diese Krise in blutigen Unruhen, Reformdiskussionen, im Straßenterror von Knüppelgarden und in der zunehmenden Entmachtung des Senats durch das Bündnis der einflussreichsten Männer und letztlich im Bürgerkrieg.

Technisch zeigten sich die Grenzen darin, dass es keinen zentralen Verwaltungsapparat gab. Der Senat war im Grunde allzuständig. Die Konsuln hatten nicht einmal eine Kanzlei oder ein Ministerbüro, von den einzelnen Senatoren ganz zu schweigen. Die Reden dürften meist selbstverfasst gewesen sein. Mittlerweile besaßen viele Städte Italiens das römische Bürgerrecht – die Volksversammlungen allerdings fanden immer noch in Rom statt. Der Reichtum in Rom war gewachsen, die wohlhabenden Schichten ebenfalls. Die Politik aber wurde weiter von einer sehr kleinen Senatsaristokratie gestaltet. Die römischen Bauern befanden sich durch billige Getreideimporte in einer Krise. Bis zur Zeit des Marius (Konsul des Jahres 105 v. Chr.) war Landbesitz Voraussetzung dafür, in einer Legion dienen zu dürfen. Als sich aber nicht mehr genügend landbesitzende Soldaten fanden, nahm Marius jeden, der sich meldete, in sein Heer auf. Damit stellte sich nach den oft gar nicht langen Kriegszügen die Frage, wie die Versorgung der Soldaten zu gestalten sei. Immer wieder mussten Ackergesetze diskutiert und durchgesetzt werden, um Land an die Veteranen zu verteilen. Die Heere und ihre Soldaten waren zunehmend nicht mehr dem Senat und Volk Roms, sondern ihren jeweiligen Heerführern verpflichtet, und konnten deshalb für Märsche auf Rom und im Bürgerkrieg genutzt werden.

Das römische politische System war überfordert. Eine Parteienbildung, ein Hin und Her von Regierung und Opposition, wodurch vielleicht politischer Wandel hätte bewirkt werden können, war nicht vorgegeben. Die Unzufriedenen waren machtlos, die Mächtigen aber dachten nicht an Veränderungen, sondern vor allem an die Stabilisierung des Bestehenden in den althergebrachten Regeln. Die Freiheit, die Brutus und seine Mitverschwörer gegen Cäsar reklamierten, war die politische Handlungsfreiheit der Mitglieder der senatorischen Oligarchie, nicht die Freiheit jedes Einzelnen.

Einige Kenner der Antike beschäftigen uns schon seit längerem mit Andeutungen darüber, dass uns ein ähnlicher Verfassungswandel wie der von der römischen Republik zum Prinzipat bevorstehen könnte.[74] Der Gedanke vom *Imperium*, das sich nicht mehr wie ein Stadtstaat regieren lässt, wurde schon in der Regierungszeit Richard Nixons in kritischer Absicht auf die amerikanische Politik übertragen. Der Politikwissenschaftler Arthur Schlesinger warf ihm vor, die außenpolitische Kompetenz in der Instanz des Präsidenten zu konzentrieren und damit das herkömmliche amerikanische System der *checks and balances* zu entmachten. Dieses System musste zu Untätigkeit und Stillstand führen, wenn nicht eine der Gewalten die Initiative entfalten konnte. Das war traditionell der Präsident, besonders in außenpolitischen Angelegenheiten. Aus der Initiativaufgabe des Präsidenten aber war unter Nixon seine Suprematie geworden. Die verfassungsmäßige Präsidentschaft habe sich damit zur imperialen Präsidentschaft verwandelt, wie der Vietnamkrieg und die Watergate-Affäre zeigten, und drohe in die revolutionäre Präsidentschaft umzuschlagen. Der amerikanische Präsident sei in den 1970er Jahren in Angelegenheiten des Kriegs und des Friedens unabhängiger vom Einfluss und Rat der anderen politischen Instanzen geworden als jeder andere politische Führer in der Welt mit der möglichen Ausnahme des damaligen Mao Tse-Tung. Der Kongress als Vertretung regionaler Partikularinteressen dagegen war der Weltmachtrolle der USA nicht mehr gewachsen und konnte einem aktiven Präsidenten nur wenig entgegensetzen, weil alle partikularen Einwände mit partikularen Zugeständnissen, zum Beispiel an die regionale Rüstungsindustrie oder die regionale Landwirtschaft, beantwortet werden können. Die Präsidentschaft sei wie eine absolute Monarchie außer Kontrolle geraten und benötige eine Neudefinition mit den entsprechenden Restriktionen ihrer Rolle.[75] Diese amerikanische Verfassungskrise ist damals ganz nach den Vorstellungen Schlesingers, nämlich gegen die absolute Machtstellung des Präsidenten, gelöst worden.

In Europa beginnen derzeit vergleichbare Diskussionen. Hier waren die Nationalstaaten die Voraussetzung der Demokratie. Deren Bedeutung geht aber aus zwei Gründen zurück. Einmal wird ihre Überwindung im Prozess der europäischen Integration versucht, zum anderen reduziert der wirtschaftliche Globalisierungsprozess ihre politische Rolle. Ohne Nation ist Demokratie schwer vorstellbar, denn wenn die Bürger keine Gesamtheit mehr darstellen, die ihre kollektive Souveränität in Wahlen und Abstimmungen zur Geltung bringen kann, dann sind sie nur noch Einzelne, die innerhalb eines unklar umgrenzten Raumes gewisse Rechte und Pflichten haben. Der Nationalstaat war als die zentrale europäische Idee auf den Ruinen des Mittelalters entstanden. Wie das römische Kaiserreich auf die Republik und die hellenistische Despotie auf die Polis scheint nun eine neue imperiale Epoche auf die Nationalstaaten zu folgen.[76] Die Vorstellung, die europäischen Nationen durch eine supranationale Großnation zu ersetzen, deren Verfassungsinstitutionen treue demokratische Abbilder der bisherigen Nationalstaaten wären, übersieht die Differenz, die durch die veränderte Größenordnung und durch das Nichtvorhandensein einer integrierten europäischen Öffentlichkeit besteht. »So also naht ein Viertes Reich. Gleichzeitig stark und zerbrechlich, Rom und der antiken Welt näher verwandt als dem Christentum.«[77] Die zunehmende transnationale Verflechtung und die Ersetzung demokratisch legitimierter Entscheidungen durch Absprachen auf höchster Ebene, durch komplexe Verhandlungsbeziehungen und korporatistische Netzwerke ist vor diesen scharfen normativen Blick als grundlegende Verfallsgefahr für die Demokratie erkennbar geworden.[78]

Der Gedanke, den spätrömischen Globalisierungsprozess als Paradigma für gegenwärtige Prozesse zu nehmen, ist nicht nur dem Inhalt nach, sondern auch in seiner Struktur typisch antik. Der Historismus des 19. Jahrhunderts hat versucht, uns die Einmaligkeit und Unvergleichbarkeit jeder einzelnen Situation einzuhämmern und hätte derartige Strukturvergleiche über die Zeiten und vollkommen andersartige politische wie ökonomische Situationen schlichtweg untersagt. Die moderne vergleichende Politikforschung jedoch musste schon seit längerem Methoden entwickeln, um unterschiedliche Entwicklungstufen durch Abstraktion miteinander vergleichbar zu machen. Der Schritt, über den engeren Zeitrahmen der Gegenwart hinweg, auch den Aufstieg und Niedergang von historischen Strukturen in den Blick zu nehmen, lag deshalb nahe, zumal inzwischen auf glänzende Vorarbeiten von Historikern zurückgegriffen werden kann. Es handelt sich um strukturelle Analogien, in die natürlich auch wesentlich Irrtümer eingehen können. Der so praktizierte Blick aus der Ferne ermöglicht es jedoch, Entwicklungs- und Gefahrenpotentiale wie die der imperialen Regierungsform zu erkennen, die andernfalls, aus der Nähe des stückweisen Immer-so-Weiter überhaupt nicht in das Blickfeld geraten würden.

16. Augustinus: Von der politischen Philosophie zur politischen Theologie

»Und sind die Kaiser Christen geworden,
ist dann etwa der Teufel Christ geworden?«
(Augustinus, *Enarratio in Psalmum*, 93)

Oft wird Aurelius Augustinus schon zum Mittelalter gerechnet. Bei ihm steht nicht das Denken, sondern der Glaube im Vordergrund. Dennoch gehört er in gewisser Weise auch in unseren Kontext, weil die ersten Kapitel seines *Gottesstaates* eine grundsätzliche Abrechnung mit der Antike enthalten und insofern noch einmal einen Rückblick erlauben. Das Christentum, zunächst die Religion des konstantinischen Sieges, war im Jahre 391 n. Chr. zur *Staatsreligion* erhoben worden, wie es in den Geschichtsbüchern bis heute beschönigend heißt. Das bedeutete, die antiken Religionen wurden verboten und staatlicher Verfolgung ausgesetzt. Dazu gehörte auch eine nachhaltige Verfolgung der Juden, die etwa 8% der Bevölkerung des römischen Kaiserreichs ausgemacht hatten. Die einst selbst verfolgte christliche Religion begann die Geschichte ihrer eigenen Vorherrschaft.

Wenige Jahre später, nämlich 410 n. Chr., wurde Rom von Alarichs Westgoten erobert und geplündert. Der Verdacht lag nahe, das erste sei die Ursache des zweiten Ereignisses gewesen. Die Heiden brachten diesen Vorwurf vor. In der Aufklärung wurde er von Edward Gibbon wieder aufgenommen: Die Ursache des Untergangs sei das Christentum gewesen. Der *Gottesstaat* des Augustinus ist die christliche Verteidigung gegen diese Vorwürfe. Das Buch wurde zwischen 413 und 426 verfasst. Es ist der Versuch einer Widerlegung der gesamten antiken Weltanschauung, indem Augustinus den gesamten Bereich des antiken Denkens und der antiken Geschichte in christlicher Perspektive systematisch durchgeht. Deren Zeitgefühl interpretierte Geschichte als Kreislaufprozess. Dagegen steht das heilsgeschichtliche Schema, das sich auf theologische Begründungen stützt. Dass wir es hier nicht mehr mit politischer Philosophie, sondern mit Theologie zu tun haben, betont Augustinus beinahe in jedem Satz seines Werkes, am deutlichsten aber in folgendem *locus classicus*:

»Von allem Sichtbaren ist die Welt das größte, von allem Unsichtbaren Gott. Dass aber eine Welt vorhanden ist, sehen wir, dass Gott ist, glauben wir. Dass aber Gott die Welt geschaffen hat, glauben wir niemandem sicherer als Gott selber. Wo haben wir ihn gehört? Nun, einstweilen nirgendwo besser als in der Heiligen Schrift, wo sein Prophet spricht: ›Im Anfang schuf Gott Himmel und Erde.‹« (Augustinus, Gottesstaat, XI, Kap. 4)

Ein Argument im Sinne weltlicher Rationalität findet sich hier nicht mehr. Der feste Glaube an den Inhalt der Offenbarung muss schon vorausgesetzt oder, wo dies noch nicht der Fall ist, mit rhetorischen Mitteln erzeugt werden. Sichtbar ist dieser Gott nicht, weil er es nicht sein will. Karl Löwith kommentiert: »Mit leiblichen Augen beurteilt, ist der Glaube in der Tat ›blind‹.«[79] Nicht die äußere Welt ist wichtig. Die Größe des Weltreichs und selbst die äußere Schönheit der Natur sind bedeutungslos angesichts der Möglichkeit der Erlösung. Die heidnische Lehre mit ihrem klassischen Zeitbegriff ist ohne jede Hoffnung, während der Glaube des Augustinus dagegen die ewige Seligkeit für diejenigen versprechen kann, die seine Anhänger sind. Die Welt ist ein einziges Mal geschaffen worden und Jesus Christus ist einmal für die Sünden der Menschen gestorben. Es gibt keine Wiederholung. Seine Wiederkehr wird das Jüngste Gericht und damit das Ende aller Dinge bedeuten.

Der Weltstaat, die *civitas terrena*, hat nur eine äußerliche Bedeutung. Letztlich hat dieser den Teufel zum König. Entscheidend ist der Gottesstaat, die *civitas dei*, der seinen Ort im Glauben selbst hat. Dort ist Christus König. An die Stelle der klassischen Politik tritt etwas, was Dolf Sternberger zugespitzt als Antipolitik gekennzeichnet hat. Die weltliche Politik wird einesteils verflucht, zum anderen Teil aber in den Dienst genommen zu höheren Zwecken. Der weltliche Staat wird als bloß menschliches Werk und als ursprünglich böse entlarvt. Der weitreichende Dualismus des augustinischen Denkens hat, wie die Forschung im zwanzigsten Jahrhundert nachweisen konnte, manichäische Wurzeln. Die Lehren des gnostischen Religionsstifters Mani (bei uns auch Manichäus genannt, 216-276/77 n. Chr.) mit ihrem strengen Dualismus von Licht und Finsternis, Geist und Körper, gut und böse hatten den Anstoß zur strikten Unterscheidung zwischen *civitas terrena* und *civitas dei* gegeben.[80]

Die augustinischen Argumente zur Plünderung Roms verdienen eine nähere Darstellung. Äußerlich kann es durchaus sein, dass Christen und Heiden gleichermaßen bei der Plünderung ausgeraubt und getötet werden. Der entscheidende Unterschied ist aber, dass der Heide dabei alles verliert, während die Christen »nichts erdulden, das ihnen nicht bei gläubiger Betrachtung des Geschehens zum Segen gereichen müsste.« (Augustinus, Gottesstaat, I, 9) Denn durch diese Leiden werden ihnen ihre Sünden vor Augen gestellt. Sie verlieren allenfalls ihre irdische Habe, was dem wirklich Frommen jedoch gleichgültig zu sein hat.

Was ist mit jenen, die von Plünderern gefoltert wurden, damit sie das Versteck ihres Schmuckes verrieten, weil man ihnen nicht glaubte, dass sie gar nichts hatten? Auch diesen sollte zu

Bewusstsein gebracht werden, dass schon das Verlangen nach irdischem Besitz solche Qualen verdient. »Ob auch jemand, der aus Liebe zum besseren Leben kein Gold und Silber aufgespeichert hatte, trotzdem gefoltert wurde, weil man ihm misstraute, weiß ich zwar nicht, doch sollte sich das zugetragen haben, hat er sicherlich, wenn er unter Martern seine heilige Armut bekannte, Christus bekannt. Konnte er vielleicht auch nicht erreichen, dass die Feinde ihm Glauben schenkten, so konnten sie ihn, den Bekenner der heiligen Armut, doch nicht foltern, ohne dass er himmlischen Lohn erlangte.« (Augustinus, Gottesstaat, I, 10)

Die unsichtbare Welt des Glaubens, für die die gefolterten Märtyrer Zeugnis ablegen, hat sich hier an die Stelle antiker Äußerlichkeit und Sichtbarkeit geschoben. Der Glaube tritt an die Stelle der Politik, und die augustinische Theologie an die Stelle politischer Philosophie. Dem Christen kann hier nichts passieren, wohl aber dem, der noch an die antiken Götter glaubt, denn diese verfolgen und versprechen ja äußere Ziele und Zwecke. So kann Augustinus die ganze Kraft seiner Rhetorik einsetzen, um deren Nichtstun und deren Nichtsnutzigkeit anzuprangern: »Wo waren denn diese Götter, die man um armseligen und trügerischen Erdenglücks willen meint verehren zu sollen, als die Römer, denen sie ihre Verehrung mit verlogener Arglist schmackhaft zu machen wussten, von so viel Unglück heimgesucht wurden?« (Augustinus, Gottesstaat, III, 17)

Große Reiche sind nichts anderes als Räuberbanden, wenn ihnen die Gerechtigkeit fehlt. Dieses sokratische Motiv (vgl. Platon, Staat 351c) wird bei Augustinus zum Kernargument: *Remota itaque iustitia quid sunt regna nisi magna latrocinia?* (Augustinus, Gottesstaat, IV, 4) Vergleicht man diese beiden achthundert Jahre auseinanderliegenden Stellen, dann schließt sich hier ein Kreis antiken Denkens. Sokrates setzt das Motiv des Staates als Räuberbande ein, um zu zeigen, dass auch eine Bande einer inneren Organisation und daher innerer Gerechtigkeitsprinzipien bedarf, wenn sie funktionieren will – so verbrecherisch sie auch sonst sein mag. Augustinus jedoch benutzt einen sehr viel fundamentaleren Begriff von Gerechtigkeit, demzufolge jeder weltliche Staat, sofern er weltliche Ziele verfolgt, einer Bande gleich ist.

Dem römischen Staat, den Augustinus trotz aller Polemik recht differenziert beurteilt, billigt er immerhin eine Möglichkeit von Gerechtigkeit zu. Der weltliche Staat Roms hatte durchaus seinen Sinn, solange er einigermaßen Recht und Frieden garantierte und die Ausbreitung des christlichen Glaubens ermöglichte. Ein christlicher Kaiser ist nicht dann zu loben und glücklich zu preisen, wenn er länger regiert hat als andere und nicht ermordet wurde, auch nicht, wenn er gegen Feinde gesiegt hat oder Aufstände niedergeschlagen, sondern dann, wenn er gerecht regiert hat, wenn er nicht überheblich war und wenn er dafür gesorgt hat, dass sich die Gottesverehrung so weit wie möglich ausbreiten konnte. Alles, was ein christlicher Kaiser zu tun hat, wenn er begründete Hoffnung auf die ewige Seligkeit haben will, ist von Augustinus in einem kurzen, für alle christlichen Fürstenspiegel des Mittelalters zum Vorbild gewordenen Abschnitt zusammengefasst worden (Augustinus, Gottesstaat, V, 24).

Mit solchen Überlegungen bahnt sich die Rückkehr von der radikalen Weltabgewandtheit und Innerlichkeit des verfolgten und gefolterten Christen in die doch wieder weltliche Aktivität an, ohne welche dann die spätere theologische Legitimation der christlichen Kaiser nicht nachzuvollziehen wäre. Spirituell stehen Gottesstaat und Weltstaat gegeneinander und müssen doch pragmatisch vermischt sein.[81] Ihre strikte theologische Trennung ließ sich in der Praxis letztlich nicht durchhalten. In der Sicht Hannah Arendts eröffnen sich damit vollkommen neue Perspektiven, und diese sind die geistige Leistung Augustins, welche ihrerseits erst möglich wurde auf der Basis seiner Auseinandersetzung mit der römischen Tradition. Die Privatsphäre war in der Antike, speziell im Hellenismus immer eine Alternative zur *res publica*, zum öffentlichen Raum gewesen. Augustinus nun transformiert diese Freiheit von der Politik von einer Sache der Wenigen zu einer der Vielen, »die sich um Regierungsgeschäfte weder kümmern sollten noch zu kümmern brauchten, während den Wenigen die Bürde auferlegt wurde, sich um die notwendige politische Ordnung der menschlichen Angelegenheiten zu kümmern.«[82] Die Kirche bot damit eine Alternative zum antiken Bürgerstatus. Bislang war der Kultus ein Staatskultus gewesen und die Religion eine Staatsreligion. Nun wird sie zur Sache der Individuen. Die staatliche, die kaiserliche Macht wird nunmehr allein noch legitimiert dadurch, welche Möglichkeiten der christlichen Religionsausübung sie bereitstellen kann. Es ist dies ein theologisches, kein politisches Motiv. Und es gehört in eine andere Epoche, die nicht mehr bestimmt wird von der Sonne Homers, sondern ihren Höhepunkt erreicht in der düsteren Erhabenheit gotischer Kathedralen.

Schluss

»Denn die Freiheit, zu tun, was man will,
kann gegen das in jedem Menschen
schlummernde Böse keinen Schutz bieten.«
(Aristoteles, *Politik*, 1318b)

Es sollte deutlich geworden sein, dass politische Philosophie etwas vollkommen anderes ist als die bloße Narration vergangener philosophischer Positionen. Dann nämlich würde sie sich in der notwendigerweise misslingenden Wiederholung des Unwiederholbaren erschöpfen. Heidegger hat in seiner Analyse der hermeneutischen Beziehung zu Vergangenheitstexten darauf hingewiesen, dass deren Wirkungsmöglichkeit auf ihre Zukunft nicht in ihren Ergebnissen als solchen liegen kann. Sie gründet vielmehr »in der je erreichten und konkret ausgebildeten Fragursprünglichkeit, durch die sie als Problem weckendes Vorbild stets neu Gegenwart zu werden vermag.«[83] Die Lehrbuchergebnisse zum Beispiel des Aristotelismus sind zu verwerfen, denn sie würden nur in eine neue Scholastik führen. Die hermeneutische Aufgabe dagegen besteht in ihrer Destruktion, wie Heidegger damals schrieb, in ihrer Dekonstruktion, wie es in der radikalisierten Hermeneutik der Postmoderne heißt.[84] Die Herstellung der Frageursprünglichkeit im oben genannten Sinne ist unsere Aufgabe. Die Historiographie der Unwiederholbarkeit möchte die Vergangenheitstexte in ihrer reinen Differenz zur Gegenwart stehenlassen und macht sie dadurch zu Solitären. Wenn ich in diesem Band grundlegende Differenzen, z.B. im politischen System des antiken Stadtstaats zum modernen Territorialstaat (und an einigen Stellen auch zur postmodernen globalisierten Individualordnung) betont habe, so immer in dem Bewusstsein, dass es solche Differenzen sind, die die Möglichkeit einer Außenperspektive auf unser politisches Strukturdenken eröffnen.

»Alle philosophische Problemstellung geht von Texten aus«[85]. Es ist eine Frage der Präferenzen, ob man seine Bezugstexte erst mit modernen sprachanalytischen Autoren beginnen lassen will oder ob man zwei Jahrtausende zurückgreift. Jedenfalls wäre es naiv zu glauben, die Reduktion der Bezugstexte z.B. auf solche der politischen Steuerungstheorie in den letzten zehn Jahren oder des außenpolitischen Realismus seit Henry Kissinger würde die Wissenschaftlichkeit des eigenen Denkens erhöhen. Entscheidend ist allein, welche systematischen Bezüge und interessanten Perspektiven sich aus der Auseinandersetzung mit den Texten ergeben.

Die antike Philosophie, besonders Platon, hatte noch Vorbehalte gegenüber der Schriftlichkeit. Aber: wenn niemand das mündliche Gespräch aufzeichnet, niemand die Vorlesung mitgeschrieben hat und niemand sich mehr erinnert, dann ist sie mit dem gesprochenen Wort auch vergangen.[86] Im Übergang von Sokrates zu Platon erleben wir den Medienwechsel von der Mündlichkeit zur Schriftlichkeit mit allen seinen Problemen. Auch wenn man den Gegensatz zwischen dem Lehrer und seinem berühmtesten Schüler nicht übertreiben sollte, hat sich doch hier ein Wandel von einer offenen zu einer stärker geschlossenen Form nicht nur der Darstellung, sondern vor allem des Denkens selbst vollzogen. Ähnliches gilt für viele Autoren, von denen sowohl veröffentlichte schriftliche Werke als auch Aufzeichnungen des mündlich Gesagten überliefert sind. Heidegger ist eines der neueren Beispiele. In den letzten Jahren lernen wir immer mehr Vorlesungstexte und Vorlesungsaufzeichnungen von ihm kennen. Sie wirken sehr viel offener und auch lebendiger als die späteren Fassungen. Erst aus den sozusagen halbschriftlichen Texten wird die Faszinationen nachvollziehbar, die von diesem akademischen Lehrer auf seine Schüler ausgegangen sein muss, so oft in ihnen auch Gedanken nur angedeutet oder abgebrochen werden, so viele Wiederholungen und unbegründete, Argumente ersetzende Wertungen sie auch enthalten. Es ist die bleibende literarische Leistung Platons, dieses Moment für Sokrates konserviert zu haben, so dass wir von ihm mehr kennen als nur den Mythos eines ungewöhnlichen Denkers, der ungerechterweise zum Tode verurteilt wurde.

Anhang

Anmerkungen

1 Hierzu, besonders zum Anfangen-Können Hannah Arendt, Was ist Politik? Aus dem Nachlaß herausgegeben von Ursula Ludz, München 1993, S. 28-35, 49 und passim. Ähnlich: Christian Meier, Athen. Ein Neubeginn der Weltgeschichte, München 1995, S. 34.

2 Es ist im Grunde leichter, jene Minderzahl aufzuzählen, die sich mit anderen Fragen beschäftigt, nämlich den *Ion*, wo es um die Vortragskunst geht, den *Phaidon* (der Tod des Sokrates und das Gespräch über die Unsterblichkeit der Seele), *Hippias I* (über das Schöne), *Hippias II* (ob Achilles oder Odysseus der Vorzug zu geben sei), den *Lysis* (über homosexuelle Liebe und Freundschaft), das *Symposion*, den *Phaidros* (über die Schönheit und die Rhetorik), den *Kratylos* (Sprachphilosophie), den *Theaitetos* (über die Erkenntnis), den *Parmenides* (über das Sein), den *Timaios* (über die Entstehung der Welt und des Menschen), den *Philebos* (über Lust, Erkenntnis und Vernunft).

3 Christian Meier, Athen, a.a.O., S. 691.

4 Vor allem die Reclam-Ausgabe von Karl Vretska, Stuttgart Neuaufl. 1982 u.ö. Handlicher und übersichtlicher ist die zweisprachige Schleiermacher-Übersetzung in der Ausgabe des Insel-Taschenbuchverlages.

5 Wo Solon ungehindert »den Wein, die Frauen und die Musik« lieben konnte, wie Camille Desmoulins in *Le Vieux Cordelier* schrieb. Zit. nach Pierre Vidal-Naquet, Paris - Athen und zurück. Die griechische Demokratie von außen gesehen, Bd. 2, München 1996, S. 142.

6 Frankfurt/M. 1992.

7 Christian Meier, Die Entstehung des Politischen bei den Griechen, Frankfurt/M. 1983, S. 72.

8 Vgl. Hierzu und zum Folgenden Wilhelm Nestle, Vom Mythos zum Logos, Aalen Neudr. 1966, S. 1 ff.

9 Schon 594 v. Chr. hat Solon einen Rat der 400 als Gegengewicht zum adligen Areopag, eine Bauernbefreiung und das Klagerecht für die Bürger eingeführt. Zwischen Solons Timokratie und der Demokratie liegen noch 50 Jahre Tyrannis unter Peisistratos und dessen Söhnen. Zu wenig wissen wir leider über parallele Demokratieversuche in Korinth, Argos, Aigina, Megara, Chios und den ionischen Städten. Athen war keine Ausnahme und blieb in Griechenland auch nicht isoliert. Es ist aber die größte demokratische Stadt gewesen und der bestdokumentierte Fall. Vgl. Meier 1983, S. 82.

10 Selbst noch Christian Meiers *Athen* endet mit diesem Jahr. Im Nachwort erklärt er dann, man dürfe keineswegs an dieser Stelle abbrechen – ein performativer Widerspruch, würde der Philosoph sagen. Die Quellen sind für die Folgezeit übrigens gar nicht so schlecht. Es ist doch wohl mehr die macht- statt demokratieorientierte Vorstellung von historischer Größe und universalgeschichtlicher Bedeutung, die hier hinderlich wirkt. Auch Werner Dahlheim, Die Antike, Paderborn u.a. 4. Aufl. 1995 blendet auf die Siegermacht Sparta, dann auf das Makedonien Philipps und Alexanders, schließlich auf Rom über.

11 Vgl. hierzu und zum Folgenden Jochen Bleicken: Die athenische Demokratie. 2. überarb. Aufl. Paderborn, München, Wien, Zürich 1994, 64 ff. und passim.

12 Das geht aus Diodor 18,18,4 und Plutarch, Phokion 28,4 hervor. Vgl. dazu Wilfried Nippel, Politische Theorien der griechisch-römischen Antike, in Hans J. Lieber (Hg.), Politische Theorien von der Antike bis zur Gegenwart, Bonn 1991, S. 33 sowie Bleicken, a.a.O.

13 Vgl. Donald Kagan: Perikles. Die Geburt der Demokratie. Stuttgart 1992, 44 f.

14 Ausführlicher ist dies geschildert bei Christian Meier, Athen, a.a.O. S. 355 ff.

15 Vgl. Werner Dahlheim, Die Antike, Paderborn u.a. 210 ff.

16 Donald Kagan, Perikles, a.a.O. S. 19.

17 Vgl. hierzu und zum folgenden: Werner Jaeger, Paideia, Bd. 1, 3. Aufl. Berlin 1954,483 ff.

18 Ebenda S. 483.

19 Kagan, Perikles, S. 9.

20 Wenn auch nicht so genau, daß die heutigen Mediziner sicher sagen könnten, um welche Infektionskrankheit es sich damals gehandelt hat.

21 Werner Jaeger, Paideia, Bd. 1, a.a.O. S. 500.

22 Donald Kagan bringt recht einleuchtende Argumente dagegen vor. Vgl. das Kapitel »Der Stratege« in Kagan, Perikles, 313 ff. Den aktuellen Diskussionsstand zur Thematik bringt Josiah Ober, Thucydides, Pericles, and the Strategy of Defense, in ders., The Athenian Revolution. Essays on Ancient Greek Democracy and Political Theory, Princeton 1996, 72-85.

23 Eine der lebendigsten neueren Auseinandersetzungen mit dem Personal der platonischen Dialoge findet sich bei Pierre Vidal-Naquet, Die platonische Gesellschaft der Dialoge, in ders., Athen – Sparta – Atlantis, Die griechische Demokratie von außen gesehen, Bd. 1, München 1993.

24 Sören Kierkegaard: Über den Begriff der Ironie mit ständiger Rücksicht auf Sokrates. Gesammelte Werke Abt. 31. Gütersloh 3. Aufl. 1995, S. 56.

25 Platon, Menon. Griechisch-Deutsch. Übers. und Hg. von Margarita Kranz, Stuttgart 1994. Ihr ist m. E. die derzeit beste und lesbarste Übersetzung gelungen.

26 Vgl. Rüdiger Safranski, Ein Meister aus Deutschland. Heidegger und seine Zeit, München 1994, S. 324.

27 Vgl. Moses Finley, Das antike Sizilien. Von der Vorgeschichte bis zur arabischen Eroberung, München 1993,, S. 101.

28 Vgl. hierzu sowie zum Gesamtzusammenhang: Kurt von Fritz, Platon in Sizilien und das Problem der Philosophenherrschaft, Berlin 1968, wo die Echtheit der Quellen in aller philologischen Ausführlichkeit durchdiskutiert und abgewogen wird. Neben Platons Briefen sind unsere Quellem vor allem Plutarchs *Dion* und Cornelius Nepos' Lebensgeschichte Dions sowie die entsprechenden Stellen der Weltgeschichte von Diodor.

29 Diogenes Laertius III, 22, der diesen Brief mitteilt, bezieht ihn auf Platons zweiten Besuch in Sizilien, was genausogut möglich ist.

30 Den Diskussionsstand zu diesen Themen findet man bei Hans Krämer, Zu neuen Büchern über Platon, Allgemeine Zeitschrift für Philosophie 22. Jg. 1997, H. 1 sowie bei Michael Hoffmann/Mischa

von Perger, Neues zu Platons »ungeschriebenen Lehren«, Philosophische Rundschau 43. Jg. 1996, H.2. Ausführlich und kritisch zu diesem Thema Wolfgang Wieland, Platon und die Formen des Wissens, Göttingen 1982, 42f.

31 Vgl. Stephen Holmes, Wahrheiten für wenige. Leo Strauss und die Gefährlichkeit der Philosophie, Merkur Nr. 497, 44. Jg. 1990, H.7, S. 554-569.

32 Ralf Dahrendorf, Lob des Thrasymachos, in ders., Pfade aus Utopia. Zur Theorie und Methode der Soziologie, 4. Aufl. 1986, S. 295.

33 Ebenda, S. 302.

34 Ebenda, S. 313.

35 Im Augustinus-Kapitel werde ich kurz darauf eingehen, welche spätere Verwandlung dieser Topos in einer außerpolitischen Perspektive erlebt hat.

36 Ernst Cassirer, Der Mythus des Staates, Philosophische Grundlagen menschlichen Verhaltens, Frankfurt 1985, S. 81.

37 Zum Forschungsstand vgl. Richard Saage, Zur Utopiekritik Karl R. Poppers, in ders., Vermessungen des Nirgendwo. Begriffe, Wirkungsgeschichte und Lernprozesse der neuzeitlichen Utopien, Darmstadt 1995, S. 69-86. Eine zusammenfassende Darstellung der Debatte findet sich bei Dirk Otto, Das utopische Staatsmodell von Platons Politeia aus der Sicht von Orwells Nineteen-Eighty-Four. Ein Beitrag zur Bewertung des Totalitarismusvorwurfs gegenüber Platon, Berlin 1994.

38 Vgl. hierzu vor allem Talcott Parsons: Democracy and Social Structure in Pre-Nazi Germany (1942). Essays in Sociological Theory. Revised Edition. New York und London 1954. 104-123.

39 Immanuel Kant, Zum ewigen Frieden, 2. Abs. Zusatz, in ders. Kleinere Schriften zur Geschichtsphilosophie, Ethik und Politik, Hg. Karl Vorländer, Hamburg 1973, S. 150.

40 Michael Walzer, Philosophy and Democracy, in Political Theory, Vol. 9, 1981, S. 381.

41 Näheres zur Ökodiktatur bei Hans Jonas in Walter Reese-Schäfer, Grenzgötter der Moral. Der neuere europäisch-amerikanische Diskurs zur politischen Ethik, 2. Aufl. Wiesbaden 2013, Kap. 4., S. 142-162.

42 Karl R. Popper, Die Offene Gesellschaft und ihre Feinde Bd. I, München 6. Aufl. 1980, S. 170.
43 Fustel de Coulanges, Der antike Staat, München 1988, S.273 ff.
44 Hannah Arendt, Was ist Politik? Fragmente aus dem Nachlaß. Hg. Ursula Ludz, München und Zürich 1993, S.54
45 Fustel de Coulanges, a.a.O., S. 302 f.
46 Paul Veyne, Glaubten die Griechen an ihre Mythen? Ein Versuch über die konstitutive Einbildungskraft, Frankfurt 1987, S. 9.
47 Wenn wir uns hier auf Diogenes Laertius, II,41 verlassen dürfen.
48 Hermann Diels, Die Fragmente der Vorsokratiker. Nach der von Walther Kranz herausgegebenen achten Auflage. Mit Einführungen und Bibliographien von Gert Plamböck, Hamburg 1957, S. 127.
49 Xenophon, Apologie, in ders., Die Sokratischen Schriften, Hg. Ernst Bux, Stuttgart 1956, S. 308.
50 Ebenda, S. 313.
51 Hannah Arendt, Was ist Politik?, München und Zürich 1993, S. 59.
52 Hierzu und zur Rezeptionsgeschichte: Franz F. Schwarz, Einleitung in: Aristoteles, Politik. Schriften zur Staatstheorie. Übers. und Hg. von Franz F. Schwarz, Stuttgart 1989, S. 14.
53 Vgl. Manfred Riedel, Gesellschaft, Gemeinschaft, in: Otto Brunner, Werner Conze, Reinhart Koselleck (Hg). Geschichtliche Grundbegriffe, Bd. 2, Stuttgart 1975, S.801-862.
54 Michel Foucault, Die Ordnung der Dinge, Kap. 9. Frankfurt 1971 spricht von der empirisch-transzendentalen Doublette in der Theorie Immanuel Kants.
55 Anthony Downs, Ökonomische Theorie der Demokratie, Tübingen 1968, S. 4.
56 Vgl. Christopher Nadon: From Republic to Empire. Political Revolution and the Common Good in Xenophon's Education of Cyrus. American Political Science Review Vol. 90, Nr. 2, 1996, S. 361.
57 Nadon, a.a.O. S.373.
58 Sogar noch ein gegenwärtiger deutscher Philosoph hält es für »erklärungsbedürftig«, »dass es zu einer Situation wie der von Alkibiades geschilderten überhaupt kommt.« (Günter Figal, Sokrates, München 1995, S. 100).
59 Dazu interpretierend Kenneth J. Dover, Homosexualität in der griechischen Antike, München 1983, 142 ff.

60 Wilhelm Nestle, Die Nachsokratiker, Jena 1923,Bd. 2, S. 2; Diogenes Laertius VII, 32.

61 Vgl. Peter Weber-Schäfer, Einführung in die antike politische Theorie, II. Teil, Darmstadt 1976, S. 82.

62 Werner Jaeger: Paideia. Die Formung des griechischen Menschen. Bd. III, 3. Aufl. Berlin 1959, S. 345

63 Peter Coulmas, Weltbürger. Geschichte einer Menschheitssehnsucht, Reinbek 1990.

64 Dies berichtet Droysen in seiner Geschichte Alexanders des Großen, Zürch 1984, 371 f.

65 Vgl. hierzu und zum Folgenden systematisch und mit einem Blick auf die weitere Ideengeschichte dieses Problems Hannah Arendt, Vita activa oder vom tätigen Leben, 4. Aufl. München und Zürich 1985, S. 18 ff.

66 Nicht zu verwechseln mit Zenon von Elea (490-430), dem Freund und Schüler des Parmenides.

67 Vgl. hierzu und zum folgenden Coulmas, a.a.O. S. 113-141.

68 Coulmas, a.a.O. 118 f.

69 Vgl. Coulmas 121, der sich hier auf Demosthenes' Rede gegen Neaira 59, 16 beruft, welche jedoch wohl in Wirklichkeit nicht von diesem, sondern von Apollodoros stammt.

70 Die erste Gegenüberstellung von Demokratie, Oligarchie und Monachie findet sich bei Herodot III, 80-83.

71 Vgl. dazu Walter Reese-Schäfer, Grenzgötter der Moral. Der neuere europäisch-amerikanische Diskurs zur politischen Ethik, 2. Aufl. Wiesbaden 2013, bes. S. 351 ff.

72 Karl Büchner, Einl. zu Cicero, De re publica, Stuttgart 1979, S. 13.

73 Vgl. Büchner, ebenda S. 18.

74 Am ausgeprägtesten tut dies Christian Meier, Cäsar, München 3. Aufl. 1993, auf dessen Strukturanalysen ich hier gern zurückgreife.

75 Arthur M. Schlesinger, The Imperial Presidency, Boston 1973.

76 So argumentiert am prägnantesten Jean-Marie Guéhenno. Das Ende der Demokratie, München 1996, S. 13.

77 Ebenda, S. 14 f.

78 Normativ außerordentlich pointiert und auf dem neuesten Forschungsstand z.B. bei Fritz W. Scharpf, Die Handlungsfähigkeit des Staates am Ende des Zwanzigsten Jahrhunderts, in: Beate Kohler-

Koch (Hg.), Staat und Demokratie in Europa. 18. Wissenschaftlicher Kongreß der Deutschen Vereinigung für Politische Wissenschaft, Opladen 1992, S. 93-115 mit einem instruktiven Korreferat des Verwaltungswissenschaftlers Carl Böhret, S. 116-129.

79 Karl Löwith, Weltgeschichte und Heilsgeschehen. Die theologischen Voraussetzungen der Geschichtsphilosophie, Stuttgart, Berlin, Köln, Mainz 7. Aufl. 1979, S.148.

80 Vgl. dazu Carl Andresen, Einführung, in Aurelius Augustinus, Vom Gottesstaat, Buch 11 bis 22, München 3. Aufl. 1991, Bes. S. XVIII.

81 Peter Weber-Schäfer, a.a.o. 168, Löwith 154, wo er die *peregrinatio* der Gläubigen *in hoc saeculo* ausdeutet.

82 Hannah Arendt: Was ist Politik? Fragmente aus dem Nachlaß. Herausgegeben von Ursula Ludz. Vorwort von Kurt Sontheimer. München und Zürich 1993, 63f.

83 Martin Heidegger, Anzeige der hermeneutischen Situation, Dilthey-Jahrbuch 6, 1989, 2f.

84 Vgl. dazu Rüdiger Bubner, Gedanken über die Zukunft der Philosophie, Deutsche Zeitschrift für Philosophie 44. Jg. 1996, H. 5., S. 747.

85 Rüdiger Bubner, Ebenda, S. 751.

86 Bubner, Ebenda.

Literaturhinweise

1. Quellen

Platon wird mit den Seitenzahlen der Ausgabe von Henricus Stephanus aus dem Jahre 1578 zitiert, die in jeder Platon-Ausgabe angegeben sind. Für Aristoteles werden durchgängig die Seitenzahlen der Ausgabe von Immanuel Bekker, Berlin 1831, verwendet. Ansonsten wird nach den Kapiteln und Abschnitten zitiert, weil die bei antiken Autoren üblichen einheitlichen Seiten- bzw. Kapitelzählungen die Orientierung in verschiedenen Ausgaben sehr leicht möglich machen. Auf die vorliegenden Übersetzungen habe ich gerne zurückgegriffen, jedoch nicht immer wörtlich, weil mir gelegentlich Abwandlungen mit Blick auf den Originaltext erforderlich schienen, um die aus dem spezifischen Kontext der politischen Philosophie sich ergebenden Pointen präziser herauszuarbeiten.

Sprachlich-stilistisch mag Friedrich Schleiermachers Platon-Übersetzung einer anderen Zeit angehören. Ihre Präzision und Textnähe, auch ihr Bemühen um die Erhaltung des griechischen Satzbaus, habe ich schätzen gelernt. Am handlichsten und vom Druckbild (Dialogform!) her am übersichtlichsten sind die Ausgaben aus der Philosophischen Bibliothek des Felix-Meiner-Verlags, die die Übersetzung von Otto Apelt bieten. Die frischesten, sprachlich modernsten und am aktuellen Forschungsstand orientierten Ausgaben bietet derzeit der Reclam-Verlag. Diese inzwischen meist zweisprachigen Editionen sind auch die preisgünstigsten.

Aristoteles, Der Staat der Athener, Übers. Martin Dreher, Stuttgart 1993.
Aristoteles, Die Nikomachische Ethik, Übers. Olof Gigon, München 1991.
Aristoteles, Politica, Ed. W. D. Ross, Oxford Classical Texts (Griech.), 12. Aufl. 1992.
Aristoteles, Politik. Übers. Eugen Rolfes, Hamburg 1981.

Aristoteles, Politik. Schriften zur Staatstheorie, Übers. Franz F. Schwarz, Stuttgart 1989.
Aristoteles, Rhetorik. Übers. Franz G. Sieveke, München 2. Aufl. 1987.
Augustinus, Aurelius, Vom Gottesstaat, 2 Bde., München 1977.
Cicero, De re publica – Vom Gemeinwesen. Lateinisch-Deutsch. Übers. Karl Büchner, Stuttgart 1979.
Cicero, Reden gegen Verres, 3 Bde., Lateinisch-Deutsch, Übers. G. Krüger, Stuttgart 1986.
Cicero, Über die Rechtlichkeit (De legibus), Übers. Karl Büchner, Stuttgart 1983.
Demosthenes, Politische Reden. Griechisch-Deutsch. Übers. Wolfhart Unte, Stuttgart 1995.
Demonsthenes, Rede für Ktesiphon über den Kranz, Griechisch-Deutsch, Übers. Walter Zürcher, Darmstadt 1983.
Diels, Hermann: Die Fragmente der Vorsokratiker, Hg. Walther Kranz, Griech-Deutsch, Hildesheim Neudruck 1987 ff.
Diogenes Laertius, Leben und Meinungen berühmter Philosophen, Übers. Otto Apelt, Hamburg 2. Aufl. 1967.
Isokrates, Sämtliche Werke Bd. I, Übers., Christine Ley-Hutton, Stuttgart 1993 (darin Panegyrikos und Rede über den Frieden).
Herodot, Geschichte (Historien), Ausgewählt von Hermann Strasburger, Frankfurt 1961.
Nachsokratiker, Die, Hg. Wilhelm Nestle, Jena 2 Bde. 1923.
Perseus Project der Tufts University (diese Internet-Datenbank enthält die Originaltexte von 800 antiken Schriftstellern mit interaktiven Wort-für-Wort-Verweisen auf verschiedene Kommentarstufen und auf eine englische Übersetzung. Die Häufigkeit und unterschiedlichen Verwendungsweisen jedes einzelnen Wortes lässt sich auf diese Weise feststellen).
Platon, Sämtliche Werke in zehn Bänden. Griechisch und Deutsch. Nach der Übers. Friedrich Schleiermachers Hg. Karlheinz Hülser, Frankfurt 1991.
Platon, Apologie des Sokrates. Griechisch und Deutsch. Übers. Manfred Fuhrmann, Stuttgart 1992.
Platon, Der Staat, Übers. Otto Apelt, Hamburg 11. Aufl. 1989.
Platon, Der Staat (*Politeia*), Übers. Karl Vretska, Stuttgart 1994.
Platon, Die großen Dialoge, Übers. Rudolf Rufener, München 1991.

Platon, Euthyphron. Griechisch und Deutsch. Übers. Otto Leggewie, Stuttgart durchgesehene Ausgabe 1986.

Platon, Menon. Griechisch und Deutsch. Übers. Margarita Kranz, Stuttgart 1994.

Platon, Phaidon. Griechisch-Deutsch. Übers. Barbara Zehnpfennig, Hamburg 1991.

Plutarch, Große Griechen und Römer, Übers. Konrat Ziegler, Bd. IV, Zürich und München 2.Aufl. 1980 (darin Dion, Demosthenes und Cicero).

Polybios, Historien, Auswahl, Hg. Karl Friedrich Eisen, Stuttgart erg. Ausg. 1983.

Tacitus, Dialogus de oratoribus – Dialog über die Redner. Lateinisch-Deutsch, Hg. Dietrich Klose, Stuttgart 1981.

Tacitus, Germania. Lateinisch und Deutsch, Übers. Josef Lindauer, Reinbek 1967.

Thukydides, Geschichte des Peloponnesischen Krieges, Übers. Georg Peter Landmann, München 1973.

Xenophon, Anabasis. Der Zug der Zehntausend, Übers. Helmuth Vretska, Stuttgart 1983.

Xenophon, Die sokratischen Schriften, Hg. Ernst Bux, Stuttgart 1956.

Xenophon, Erinnerungen an Sokrates (Memorabilien), Übers. Rudolf Preiswerk, Stuttgart 1992.

Xenophon, Hellenika, Griechisch-Deutsch, Hg. Gisela Strasburger, Münhen und Zürich 2. Aufl. 1988.

Xenophon, Hieron oder über die Tyrannis, in Leo Strauss, Über Tyrannis. Eine Interpretation von Xenophons Hieron mit einem Essay über Tyrannis und Weisheit von Alexandre Kojève, Neuwied und Berlin 1963.

Xenophon, Kyrupädie. Die Erziehung des Kyros, Griechisch-Deutsch, Hg. Rainer Nickel, München 1992.

2. Weiterführende Sekundärliteratur

Literatur, die lediglich zu Einzelfragen herangezogen wurde, wird in den Anmerkungen angegeben.

Adomeit, Klaus, Rechts- und Staatsphilosophie Bd. I, Antike. 2. Aufl. Heidelberg 1992.

Arendt, Hannah, Philosophie und Politik. Deutsche Zeitschrift für Philosophie 41. Jg. 1993, H. 2, 381-400.
Bartlett, Robert C., Aristotle's Science of the Best Regime. American Political Science Review, Vol 88, Nr. 1, 1994, 143-155.
Bien, Günther, Die Grundlegung der politischen Philosophie bei Aristoteles. Freiburg und München 3. Aufl. 1985.
Bleicken, Jochen, Die athenische Demokratie. 2. überarb. Aufl. Paderborn, München, Wien, Zürich 1994.
Bubner, Rüdiger: Antike Themen und ihre moderne Verwandlung. Frankfurt/M. 1992.
Bubner, Rüdiger, Gedanken über die Zukunft der Philosophie. Deutsche Zeitschrift für Philosophie 44. Jg. 1996, H. 5, 743-757.
Coulmas, Peter, Weltbürger. Geschichte einer Menschheitssehnsucht. Reinbek 1990.
Dahlheim, Werner, Die Antike. Griechenland und Rom von den Anfängen bis zur Expansion des Islam. 4. Aufl. Paderborn, München, Wien, Zürich 1995.
Dettenhofer, Maria H. (Hg.), Reine Männersache? Frauen in Männerdomänen der antiken Welt, Köln, Weimar, Wien 1994.
Dover, Kenneth J., Homosexualität in der griechischen Antike, München 1983.
Droysen, Johann Gustav, Geschichte Alexanders des Großen. Nach dem Text der Erstausgabe 1833. Zürich 2. Aufl. 1986.
Duby, Georges/Michelle Perrot, Geschichte der Frauen, Bd. 1, Antike, Hg. Pauline Schmitt-Pantel, Frankfurt 1993.
Fetscher, Iring/ Münkler, Herfried (Hgg..), Pipers Handbuch der politischen Ideen Bd. 1. München und Zürich 1988.
Finley, Moses I., Antike und moderne Demokratie. Mit einem Essay von Arnalda Momigliano. Stuttgart 1980.
Ders., Das politische Leben in der antiken Welt, München 1991.
Ders., Das antike Sizilien. Von der Vorgeschichte bis zur arabischen Eroberung, München 1993.
Fritz, Kurt von, Platon in Sizilien und das Problem der Philosophenherrschaft, Berlin 1968.
Fuhrmann, Manfred, Cicero und die römische Republik. Eine Biographie. München und Zürich 1990.

Fustel de Coulanges, Numa Denis, Der antike Staat. Kult, Recht und Institutionen Griechenlands und Roms. München 1988.

Gaiser, Konrad, Das Staatsmodell des Thukydides. Zur Rede des Perikles für die Gefallenen (darin Wolfgang Schadewaldt, Übers. der Gefallenenrede). Heidelberg 1975.

Jaeger, Werner, Paideia. Die Formung des griechischen Menschen, 3 Bde, 3. Aufl. Berlin 1959.

Kagan, Donald, Perikles. Die Geburt der Demokratie. Stuttgart 1992.

Kamp, Andreas, Die politische Philosophie des Aristoteles und ihre metaphysischen Grundlagen. Wesenstheorie und Polisordnung. Freiburg und München 1985.

Kierkegaard, Sören, Über den Begriff der Ironie mit ständiger Rücksicht auf Sokrates. Gesammelte Werke Abt. 31. Gütersloh 3. Aufl. 1995.

Kinzl, Konrad H., Demokratia. Der Weg zur Demokratie bei den Griechen. Darmstadt 1995.

Maier, Hans/ Heinz Rausch/Horst Denzer: Klassiker des politischen Denkens. Erster Band. Von Plato bis Hobbes. München 1986.

Martin, Gottfried, Platon. In Selbstzeugnissen und Bilddokumenten. Reinbek 19. Aufl. 1995.

Meier, Christian, Die Entstehung des Politischen bei den Griechen. Frankfurt/M. 1983.

Ders., Caesar, München 1986.

Ders., Athen. Ein Neubeginn der Weltgeschichte, Neuausg. München 1995.

Mossé, Claude, Der Zerfall der athenischen Demokratie (404-86 v. Chr.), Zürich und München 1979.

Nadon, Christopher, From Republic to Empire. Political Revolution and the Common Good in Xenophon's Education of Cyrus. American Political Science Review Vol. 90, Nr. 2, 1996, 361-374.

Nestle, Wilhelm, Vom Mythos zum Logòs. Die Selbstentfaltung des griechischen Denkens von Homer bis auf die Sophistik und Sokrates. Aalen Neudruck 1966.

Ober, Josiah, The Athenian Revolution. Essays on Ancient Greek Democracy and Political Theory. Princeton 1996.

Popper, Karl R., Die offene Gesellschaft und ihre Feinde I. Der Zauber Platons. München 6. Aufl. 1980.

Riedel, Manfred, Metaphysik und Metapolitik. Studien zu Aristoteles und zur politischen Sprache der neuzeitlichen Philosophie. Frankfurt/M. 1975.
Sabine, George H., A History of Political Theory. Fourth Edition. Revised by Thomas Landon Thorson. International Edition. Fort Worth u.a., 1973.
Schubert, Andreas, Platon: Der Staat. Ein einführender Kommentar. Paderborn, München, Wien, Zürich 1995.
Sternberger, Dolf, Drei Wurzeln der Politik. Frankfurt/M. 1978.
Strauss, Leo, The City and Man. Chicago und London 1964.
Taureck, Bernhard H. F., Die Sophisten zur Einführung. Hamburg 1995.
Veyne, Paul, Glaubten die Griechen an ihre Mythen? Ein Versuch über die konstitutive Einbildungskraft, Frankfurt 1987.
Vidal-Naquet, Pierre, Athen – Sparta –Atlantis. Die griechische Demokratie von außen gesehen I. München 1993.
Weber-Schäfer, Peter, Einführung in die antike politische Theorie, 2 Bde. Darmstadt 1976.
Wieland, Wolfgang, Platon und die Formen des Wissens. Göttingen 1982.
Zehnpfennig, Barbara, Platon zur Einführung, Hamburg 1997.

Eine ebenso lohnende wie dekorative Gesamtübersicht bietet das DIN A-O Plakat »Die Antike« des Verlags Heinrich H. Paschotta, 21635 Jork, Tel.04162/8566.

Zeittafel

594/93 v. Chr.	Reformgesetzgebung Solons (Befreiung der Bauern aus der Schuldknechtschaft, Ablösung der reinen Adelsherrschaft durch Timokratie, Schaffung eines neuen Rates als Appellationsinstanz).
561-510	Tyrannis des Peisistratos und seiner Söhne.
559-529	Begründung der persischen Großmachtstellung durch Kyros den Älteren.
508-507	Reform des Kleisthenes.
490	Landung der Perser (Darius), Schlacht bei Marathon.
480	Invasion des Xerxes (Thermopylen, Salamis).
462-461	Entmachtung des Areopags durch Ephialtes und Perikles, Durchbruch zur Demokratie.
431-404	Peloponnesischer Krieges zwischen Athen und Sparta.
429	Tod des Perikles.
421-414	Unterbrechung des Peloponnesichen Krieges durch den Nikias-Frieden mit Sparta.
415-413	Athenische Expedition nach Sizilien, Alkibiades wird 415 wegen des Hermenfrevels angeklagt.
411-410	Sturz der Demokratie. Für ein Jahr herrscht eine Oligarchie in Athen.
406	Sieg der Athener in der Seeschlacht bei den Arginusen.
405	Niederlage der athenischen Flotte bei Aigospotamoi.
404	Kapitulation Athens, Tyrannei der Dreißig.
403	Deren Sturz und Wiederherstellung der Demokratie.
401	Rückzug der 10 000 griechischen Söldner durch das persische Reich (Xenophons Anabasis).

399	Todesurteil gegen Sokrates (geb. 469).
398	Platons (427-347) Apologie und Kriton erscheinen.
389	Platons Gorgias erscheint.
389-388	Platons erste Reise nach Italien und Syrakus.
385	Gründung der Akademie in Athen.
367	Tod von Dionysios, de Herrscher von Syrakus.
366-365	Zweite Reise Platons nach Syrakus.
361-360	Dritte Reise Platons nach Syrakus.
357	Versuch Dions, den jüngeren Dionysios zu stürzen.
354	Ermordung Dions.
347	Tod Platons.
343-340	Aristoteles übernimmt die Erziehung des 13-jährigen Alexander.
338	Sieg Philipps II. von Makedonien gegen die Griechen bei Chaironeia.
336-330	Demosthenes und Aischines streiten sich über die richtige Politik gegen Philipp (Kranzrede).
335	Aristoteles (384-322) gründet die Peripatetische Schule.
334	Alexander beginnt seinen Kriegszug gegen Persien.
323	Tod Alexanders in Babylon
322	Ende der Demokratie in Athen, Einrichtung einer Oligarchie, Selbstmord des Demosthenes.
272	Rom erobert Tarent. Die griechischen Kolonien in Italien werden römisch, die Hellenisierung Roms beginnt.
264-241	Erster Punischer Krieg gegen Kathago.
241	Seesieg gegen Karthago, Sizilien wird römische Provinz.
219-201	Zweiter Punischer Krieg, Hannibals Kriegszüge.
132	Ermordung von Tiberius Gracchus, Beginn der römischen Bürgerkriege.
86	Sulla erobert Athen und lässt die Stadt plündern.
82-79	Diktatur Sullas, Proskriptionen.
63-62	Verschwörung des Catilina, Cicero Konsul.
58-49	Cäsar erobert Gallien.

49	Cäsar überschreitet den Rubikon, Bürgerkrieg.
44	Cäsar Diktator auf Lebenszeit, Ermordung am 15. März, Wiederbeginn des Bürgerkriegs.
43	Ermordung Ciceros.
31	Seesieg von Octavian bei Actium, Ende des Bürgerkriegs.
30 v.-14 n. Chr.	Herrschaft des Augustus, Beginn der Pax Augustana.
98-180	Jahrhundert der »Adoptivkaiser«.
193-283	Soldatenkaiser.
312	Sieg Konstantins »Im Zeichen des Kreuzes«.
391	Christentum wird Staatsreligion.
395	Teilung des römischen Weltreiches in Ost- und Westrom.
410	Plünderung Roms durch die Westgoten.
430	Tod von Augustinus (geb. 351).
476	Ende des weströmischen Reiches.

Prof. Dr. Walter Reese-Schäfer, Georg-August-Universität Göttingen. Lehrstuhl für politische Theorie und Ideengeschichte in Göttingen. Jetzt Emeritus. Veröffentlichungen u.a.: Lyotard zur Einführung, 4. Aufl. Hamburg: Junius 2022; Niklas Luhmann zur Einführung, Hamburg: Junius Verlag 7. Aufl. 2022; Jürgen Habermans, Frankfurt/M. 2. Auf. 1994, Richard Rorty zur Einführung, Hamburg: Junius Verlag, 2. Aufl. 2006; Karl-Otto Apel und die Diskursethik, 2. Aufl. Wiesbaden: Springer Nature 2017. Ideengeschichte als Provokation. Schriften zum politischen Denken. J.B. Metzler/Springer Nature Stuttgart 2019; Deutungen der Gegenwart. Zur Kritik wissenschaftlicher Zeitdiagnostik. J.B. Metzler/ Springer Nature: Stuttgart 2019; Grenzgötter der Moral. Der neuere europäisch-amerikanische Diskurs zur politischen Ethik, 2. Aufl. Wiesbaden 2012, Platon interkulturell gelesen (2009), Aristoteles interkulturell gelesen (2007).

Zur Einführung →

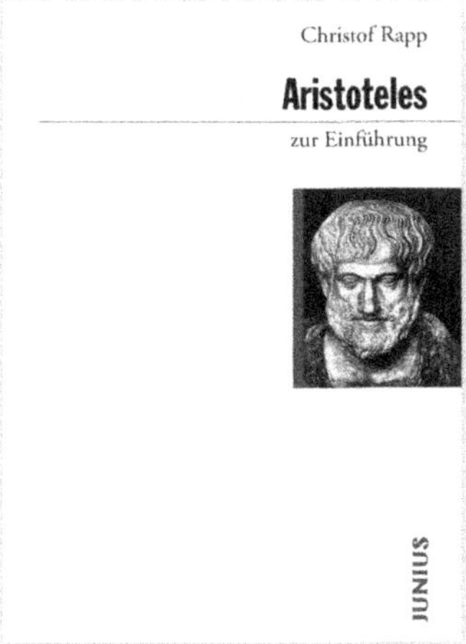

Christof Rapp
Aristoteles zur Einführung
6., erweiterte Auflage
ISBN 978-3-88506-690-3
272 Seiten, 16.90 Euro

Zusammen mit Sokrates und Platon ist Aristoteles (384–322 v. Chr.) die prägende Gestalt der antiken griechischen Philosophie. In dieser Einführung gibt Christof Rapp einen Überblick über Aristoteles' gesamtes Werk. Neben der Logik stellt er unter anderem die aristotelische Ethik, die politische Philosophie, die Poetik, die Rhetorik sowie Ontologie und Metaphysik vor. Da eine Auseinandersetzung mit Aristoteles auf zweihundert Taschenbuchseiten kaum zu leisten ist, konzentriert sich der Band auf die zentralen Argumente, verzichtet sowohl auf biografische Spekulationen wie auf eine ausgiebige Diskussion der unerschöpflichen Forschungsliteratur und zeichnet in einem eigenen Kapitel die Wirkungsgeschichte des Aristoteles nach.

Barbara Zehnpfennig
Platon zur Einführung
5., ergänzte Auflage
ISBN 978-3-88506-348-3
252 Seiten, 14.90 Euro

Für Hegel beginnt mit Platon (ca. 427-347 v.Chr.) »die philosophische Wissenschaft als Wissenschaft«, für Nietzsche ist er »das größte Malheur Europas«. Doch die Kontroverse beschränkt sich nicht auf die Bewertung der Philosophie Platons, auch über die Deutung seines Denkens wurde immer wieder heftig gestritten. Barbara Zehnpfennig sucht in ihrer Einführung nach einem Platon jenseits der Vorurteile. In einem kommentierenden Gang durch das Gesamtwerk spürt sie der inneren Systematik der einzelnen Werkphasen nach und stößt dabei auf einen Denker, der sich gängiger Kategorisierung sperrt.

JUNIUS
www.junius-verlag.de